J新書 15

中学単語で英会話力UP!

魔法のイディオム

すぐに使える表現300

石井　隆之
Ishii Takayuki

Jリサーチ出版

はじめに

　どんな世界にも、ルールに従うものとルールに従わないものがあります。私は大学で教えていますが、ルールをしっかり守る学生とそうでもない学生がいます。ルールを気にしない学生は困ったものですが、時に発想や行動が非常に面白いと感じることがあります。

　英語表現の世界にも、ルールに従う表現と、そうでない表現があります。ここで言うルールとは文法です。ルールに従わない表現とは、文法を気にしない表現のことです。それがイディオムなのです。文法から独立しているというイディオムは、やはり面白いものが多いです。学生の場合とよく似ています。

　本書は、そんなイディオムを300集めて意味と使い方を解説しています。本書が目指しているのは、「オタワの法則」です。つまり、「**お**もしろく、**た**めになり、**わ**かりやすい」ということです。

　イディオムの語源をはじめ、欧米人の考え方、日本語との違いなど、興味深い内容を盛り込み、「**お**もしろさ」を追求しています。

　また、英会話におけるイディオムの用例を取り上げ、日常生活やビジネスのシーンで即使える「**た**めになる」用例を紹介しています。

　構成はシーン別（第1部）とテーマ別（第2部）の2つの視点でイディオムを分類、みなさんの興味と目的に応じて、どのページからでも学習できるよう「**わ**かりやすい」紙面作りを目指しています。

本書は、必要に応じ、イディオムの「イディオム性」についてコメントしています。イディオム性とはイディオムらしさのことです。このイディオム性は、次の４つの側面のどれかを満たすと高くなります。全て満たすイディオムは、イディオム性が最高レベルといえます。

◆ イディオム性　４つの条件
①形を変えない
　get cold feet（p.93）は get a cold foot や get many cold feet などとは言えません。
②直訳では理解不可になる
　take with a grain of salt（p.47）の直訳は「一粒の塩で取る」で意味不明。
③日本語の場合と異なり、ユニークで面白い
　wash one's hands（p.32）は日本語では「(…から)足を洗う」の意味。
④韻を踏んでいる
　the name of the game（p.32）は [eim] で終わる単語を２つ重ねている。

　本書を通じて、楽しいイディオムの世界を体感し、イディオムを使う技術を身につけ、実際の会話に活用していただくことに寄与できれば、著者として、これに勝る喜びはありません。なお本書の校閲は、ベルリッツスクールの Joe Ciunci 先生にお願いしました。

石井　隆之

本書の使い方

　本書は英語圏で日常的に使われているイディオムを集め、その意味だけではなく**言葉が生まれた背景や文化**といった側面を理解し、表現のレパートリーが自然に広がるように設計されています。

CDは300のイディオムすべてに①見出し語→②意味→③見出し語（リピート）→④会話（日本語訳）→⑤会話（英語）の順で流れます。④〜⑤の会話ではまず日本語訳が流れますので、それを瞬時に英語にして口ずさむ英作文トレーニングができます。あとに流れる英語を聞いて確認しましょう。これを繰り返すことで会話表現の口慣らしになります。**外出中などテキストを見ていない場合もCDの音声だけで学習できます。**

第1部は シーン別 、第2部は テーマ別
13のシーンと15のテーマで構成

直訳
多くのイディオムが比喩的な表現です。そのまま訳したイメージと混同しないよう注意しましょう。

類義語
意味、ニュアンスを別の表現でも把握しておきましょう。

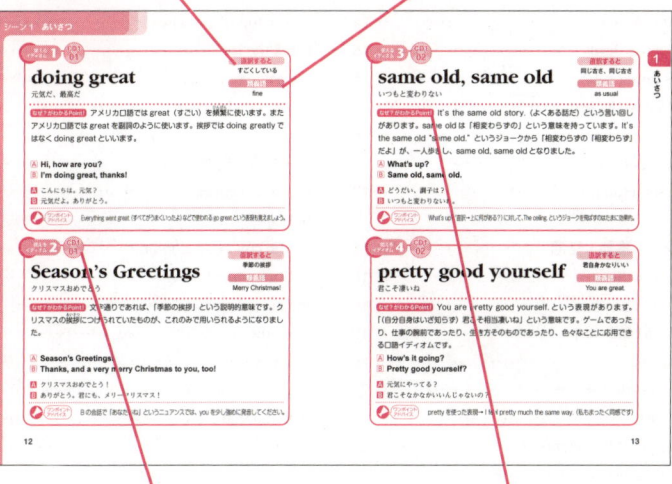

CD
見出し語→日本語の意味→見出し語→会話（日本語訳）→会話（英語）の順で収録されています。

解説
イディオムの起源については、諸説あれば有力な説あるいは面白いもの1〜2つに絞っています。

目次

はじめに … 2
本書の使い方 … 4

第1部　シーンで覚える重要表現 … 11
シーン1　あいさつ … 12
doing great … 12
Season's Greetings … 12
same old, same old … 13
pretty good yourself … 13
hang in there … 14
long time no see … 14
speak of the devil! … 15
What's eating you? … 15
put a face to the name … 16
make one's mouth water … 16
I'm taking off. … 17
a little something … 17

シーン2　移動・交通 … 18
as the crow flies … 18
packed like sardines … 18
stuck in a time warp … 19
jaywalk … 19
at a snail's pace … 20
shake a leg … 20
have no head for heights … 21
few and far between … 21

シーン3　会議 … 22
milk … 22
have a finger in the pie … 22
tighten one's belt … 23
skyrocket … 23
play ball with … 24
par for the course … 24
bottom out … 25
throw cold water on … 25
not make heads or tails of … 26
in dire straits … 27

シーン4　思いつき・計画 … 28
ring a bell … 28
get off the ground … 28
pull the rug out from under someone … 29
a pie in the sky … 29
a house of cards … 30
in a nutshell … 30
off the top of one's head … 31
break the ice … 31
the name of the game … 32
wash one's hands of … 32

シーン5　交渉・契約 … 33
take a rain check … 33
red tape … 33
till the cows come home … 34
in black and white … 34
the green light … 35
up in the air … 35
in the wind … 36
put one's money where one's mouth is … 36
skate on thin ice … 37
cut no ice … 37

シーン6　売買・うわさ … 38
sell like hot cakes … 38
set one's heart on … … 38
on one's knees … 39
on one's last legs … 39
straight from the horse's mouth … 40

through the grapevine	40
chicken feed	41
by word of mouth	41
burn one's fingers	42
drop a bombshell	42

シーン7　会話・もてなし … 43
full of hot air	43
white lie	43
take the cake	44
the red carpet	44
on the house	45
baker's dozen	45
give someone the cold shoulder	46
take ... with a grain of salt	47
talk turkey	48
in the red	48

シーン8　愛想・批判 … 49
butter up	49
a toadeater	49
wrap someone around one's little finger	50
have a heart of gold	50
lead a cat-and-dog life	51
pot calling the kettle black	51
raise eyebrows	52
quiet as a mouse	52
big cheese	53
top banana	53

シーン9　リラックス … 54
breathing room	54
have a green thumb	54
a bed of roses	55
paint the town red	55
bring the house down	56
soap opera	56

get ... off one's chest	57
shoot the breeze	57
save the day	58
give someone the air	58

シーン10　困惑・やきもき … 59
a hot potato	59
drive someone up the wall	59
turn the tables	60
be in a lot of hot water	60
bell the cat	61
in someone's hair	61
the last straw	62
add insult to injury	62
go bananas	63
lose one's shirt	63

シーン11　成功・激励 … 64
carrot and stick	64
bring home the bacon	64
with flying colors	65
right under one's nose	65
not lift a finger	66
The sky is the limit.	66
bat a thousand	67
a heavy hitter	67
full of drive	68
come up in the world	68

シーン12　犯罪・悪事 … 69
sweep ... under the rug	69
under the table	69
albatross around one's neck	70
smell a rat	70
put one's foot in it	71
be caught with one's hand in the cookie jar	71
let the cat out of the bag	72

make a fast buck	73
put the finger on	74
play both ends against the middle	74

シーン13　やりくり・四苦八苦 …… 75
live from hand to mouth	75
get the short end of the stick	75
spit in the wind	76
bread and butter	76
be snowed under	77
busy as a bee	77
for the birds	78
keep one's nose to the grindstone	78
out to lunch	79
bet on the wrong horse	79

第2部　テーマで覚える重要表現 …… 81

テーマ1　数 …… 82
on all fours	82
in seventh heaven	82
behind the eight ball	83
put two and two together	83
kill two birds with one stone	84
look out for number one	84
two's company, three's a crowd	85
a dime a dozen	85
deep-six	86
at the eleventh hour	86

テーマ2　色 …… 87
green with envy	87
catch someone red-handed	87
brown-nose	88
in the pink	88
out of the blue	89
not so black as one is painted	89
gray matter	90
whiter than white	90
born in the purple	91
yellowbelly	91

テーマ3　体 …… 92
keep one's fingers crossed	92
put one's finger on	92
pay an arm and a leg	93
get cold feet	93
out of hand	94
get someone's back up	94
give someone a shoulder to cry on	95
cross one's heart	95
eat one's heart out	96
feel it in one's bones	96
have the cheek to	97
have a sweet tooth	97
be all ears	98
on the tip of one's tongue	98
look as if butter wouldn't melt in one's mouth	99
bury one's head in the sand	99
foam at the mouth	100
jump down someone's throat	100
have … on the brain	101
head over heels	101

テーマ4　動物 …… 102
rain cats and dogs	102
go to the dogs	102
eat like a horse	103
the black sheep of the family	103
the lion's share	104
beat a dead horse	104
hold one's horses	105
rat race	105
monkey around	106
play possum	106

quit cold turkey	107
an early bird	107
eat like a bird	108
eat crow	108
crocodile tears	109
get goose bumps	109
turn turtle	110
have a frog in one's throat	110
have ants in one's pants	111
have butterflies in one's stomach	111

テーマ5　植物 112
turn over a new leaf	112
sleep like a log	112
bark up the wrong tree	113
no bed of roses	113
not out of the woods	114
sow one's wild oats	115
beat around the bush	116
like a bump on a log	116
root and branch	117
out of one's tree	117

テーマ6　食べ物・飲み物 118
beef up	118
one's cup of tea	118
a piece of cake	119
the apple of one's eye	119
nutty as a fruitcake	120
dressed up like a dog's dinner	120
full of beans	121
sour grapes	121
not worth a fig	122
stew in one's own juice	122

テーマ7　衣類 123
at the drop of a hat	123
keep something under one's hat	123
wear the pants	124
speak off the cuff	124
hot under the collar	125
if the shoe fits, wear it	125
flip one's wig	126
put on one's thinking cap (s)	126
turncoat	127
keep one's shirt on	127

テーマ8　家屋・家具 128
hit home	128
hit the ceiling	128
shout from the rooftops	129
show the door	129
a hole in the wall	130
a pillar of strength	130
eat someone out of house and home	131
down the drain	131
a skeleton in the closet	132
on the edge of one's seat	132

テーマ9　気持ち 133
puppy love	133
second nature	133
cross one's mind	134
out of one's mind	134
give someone a piece of one's mind	135
bare one's soul	135
if the spirit moves	136
That's the spirit.	136
That's a weight off my mind.	137
the nature of the beast	137

テーマ10　道具 138
have a screw loose	138
out of the frying pan into the fire	138

a greasy spoon	139
a real dish	139
in one's cups	140
bite the bullet	141
bury the hatchet	142
jump the gun	142
look daggers at	143
a chink in one's armor	143

テーマ11　天体・天候 …… 144

promise the moon	144
reach for the stars	144
once in a blue moon	145
on cloud nine	145
steal someone's thunder	146
have stars in one's eyes	146
thank one's lucky stars	147
not have a snowball's chance in hell	147
chase rainbows	148
up a storm	148

テーマ12　自然 …… 149

make a mountain out of a molehill	149
over the hill	149
sell someone down the river	150
send someone up the river	150
go jump in a lake	151
at sea	151
an ocean of	152
like water off a duck's back	152
go through fire and water	153
get wind of	153

テーマ13　お金・時間 …… 154

rolling in money	154
on the money	154
for one's money	155
have money to burn	155
get one's money's worth	156
at bottom dollar	156
two sides of the same coin	157
foot the bill	157
two-time	158
Time is on one's side.	159

テーマ14　音楽・スポーツ …… 160

face the music	160
The ball is in someone's court.	160
drum up	161
march to the beat of a different drummer	161
play second fiddle to	162
fit as a fiddle	162
toot one's own horn	163
go to bat for	163
get to first base	164
a good sport	164

テーマ15　才能・力量 …… 165

play it by ear	165
all thumbs	165
show one's true colors	166
worth one's salt	166
give someone a big head	167
have one's finger on the pulse	167
on the ball	168
no end to someone's talents	168
fit the bill	169
moonlight	169

コラム	80
索引	170

第1部
シーンで覚える重要表現

第1部は「あいさつ」「移動」「もてなし」「批判」「激励」などシーン別に表現したいイディオムを身につけます。イディオムが生まれた言葉の背景を知ることで、言いたいことを的確に伝え、かつ会話におもしろみを加える表現力が高まります。

シーン1　あいさつ

doing great
元気だ、最高だ

直訳すると
すごくしている

類義語
fine

なぜ？がわかるPoint! アメリカ口語ではgreat（すごい）を頻繁に使います。またアメリカ口語ではgreatを副詞のように使います。挨拶ではdoing greatlyではなくdoing greatと言います。

A Hi, how are you?
B I'm doing great, thanks!

A こんにちは。元気？
B 元気だよ。ありがとう。

 Everything went great.（すべてがうまくいったよ）などで使われるgo greatという表現も覚えましょう。

Season's Greetings
クリスマスおめでとう

直訳すると
季節の挨拶

類義語
Merry Christmas!

なぜ？がわかるPoint! 文字通りであれば、「季節の挨拶」という説明的意味です。クリスマスの挨拶につけられていたものが、これのみで用いられるようになりました。

A Season's Greetings!
B Thanks, and a very merry Christmas to you, too!

A クリスマスおめでとう！
B ありがとう。君にも、メリークリスマス！

 Bの会話で「あなたもね」というニュアンスでは、youを少し強めに発音してください。

same old, same old

いつもと変わりない

直訳すると
同じ古さ、同じ古さ

類義語
as usual

なぜ？がわかるPoint! It's the same old story.（よくある話だ）という言い回しがあります。same old は「相変わらずの」という意味を持っています。It's the same old "same old."というジョークから「相変わらずの『相変わらず』だよ」が、一人歩きし、same old, same old となりました。

A **What's up?**
B **Same old, same old.**

A どうだい、調子は？
B いつもと変わりないわ。

ワンポイントアドバイス What's up?（直訳→上に何がある？）に対して、The ceiling. というジョークを飛ばすのはたまに効果的。

pretty good yourself

君こそ凄いね

直訳すると
君自身かなりいい

類義語
You are great.

なぜ？がわかるPoint! You are pretty good yourself. という表現があります。「（自分自身はいざ知らず）君こそ相当凄いね」という意味です。ゲームであったり、仕事の腕前であったり、生き方そのものであったり、色々なことに応用できる口語イディオムです。

A **How's it going?**
B **Pretty good yourself?**

A 元気にやってる？
B 君こそなかなかいいんじゃないの？

ワンポイントアドバイス pretty を使った表現→ I feel pretty much the same way.（私もまったく同感です）

直訳すると
そこでしがみついている

類義語
stick with it

hang in there
がんばっている

なぜ？がわかるPoint! くじけそうになっていたり、悩んでいたりする人に向けて、Hang in there! と言えば「がんばって」ということ。だから以前悩みを打ち明けたような友達に久しぶりに会って「がんばってるよ」と言いたいときは、I've been hanging in there! となるのです。

A Hey, how have you been?
B I've been hanging in there.

A やあ、どうしてる？
B ちゃんとがんばってるよ。

ワンポイントアドバイス テストを受ける人へは、Hang in there のかわりに Good luck を使います。

直訳すると
長い時間、見ていない

類義語
I haven't seen you for a long time.

long time no see
久しぶり

なぜ？がわかるPoint! 長期間会ってないことを、文法を無視して生まれたのがこのイディオムです。これは砕けた表現で、目上の人には使わないほうがよいでしょう。目上の人にも使える口語表現は、It's been a long time. I haven't seen you for ages. などです。

A Long time no see.
B Yeah, it's been ages since I saw you last. How's everything going?

A ひさしぶり。
B やあ、ひさしぶりだね。調子はどう？

ワンポイントアドバイス 「まあまあ」「ぼちぼち」などにあたるのが Not so bad, not so good です。

直訳すると
悪魔の話をする

speak of the devil!
噂をすれば影

類義語
if we talk of someone

なぜ？がわかるPoint! このイディオムは Speak of the devil and he shall appear（悪魔の噂をすると現れるもの）の省略形で、1666年には、Talk of the Devil という表現が出たそうです。666（西洋で悪魔を象徴する数）のように6の重なる年に「悪魔」の表現が出ているわけですね。

A Speak of the devil! How are you?
B A little tired! I'm practically asleep on my feet.

A 噂をすれば影だね。どうしてるの？
B ちょっと疲れていてね。歩きながら寝ているよ。

ワンポイントアドバイス 例文Bは、I'm now walking and sleeping at the same time. とひょうきんに言うことも。

直訳すると
何があなたを食べている？

What's eating you?
何かあったの？

類義語
What happened?

なぜ？がわかるPoint! 人が何かを食べていると普通ですが、何かが人を食べていると驚きますね。「何かが人を食べている」ということで、その人が普段と違うことに対する驚きを表現するイディオムができました。

A You look terrible. What's eating you?
B I failed the exam.

A なんか大変そうな顔をしているけど。どうかしたの？
B 例の試験に落っこちたんだよ。

ワンポイントアドバイス よく似たイディオムに What's cooking?（どうしたのかね）。

直訳すると
名前に顔をつける

類義語
identify a person

put a face to the name
名前と顔が一致する

なぜ？がわかるPoint! これは、お互いに顔を知らなかったメール上またはインターネット上の仲間などが、会ったり、写真を交換するなどして、顔が分かった場合の挨拶の1つです。スカイプ、フェイスブックなどで利用できる表現です。

A It's nice to meet you. Now I can put a face to the name.
B It's a pleasure to meet you, too.

A あなたのお顔を拝見してうれしいです。今、名前と顔が一致しました。
B 私もあなたのことがわかって光栄です。

ワンポイントアドバイス 否定形→ Mm, I can't put a face to the name, sorry. (う〜ん、名前と顔が一致しないわゴメン)

直訳すると
口が水を出すようにさせる

類義語
look so good that one wants to eat immediately

make one's mouth water
おいしそう、よだれが出る

なぜ？がわかるPoint! water には「分泌液を出す」の意味があります。これを使って、主語を食べ物にして、「口からよだれが出るほど美味しい」という意味を表すイディオムができます。

A Wow, that looks delicious. It makes my mouth water.
B Actually, this is a dish I cooked with great care.

A わあ、おいしそう。よだれが出てきたよ。
B これはね。私が腕によりをかけて作ったのよ。

ワンポイントアドバイス My eyes are watering は涙が出るという症状を訴えるとき。「鼻水が出る」は My nose is running.

使えるイディオム 11 CD1 06

I'm taking off.

そろそろ帰るよ。

直訳すると
私は離陸します。

類義語
I must be leaving.

なぜ？がわかるPoint! このイディオムは、複数の人がいる集まりで自分だけが早く帰るような状況で使われます。他に同じ意味で、I got to split. I'm splitting. I'm out of here. I'm gone. などと言えます。

A **I'm taking off.**
B **Oh, nice talking to you. Cheers!**

A そろそろドロンするよ。
B あっそう？　あなたの話、面白かったよ。じゃあね。

ワンポイントアドバイス　同じ「もう行くよ」の意味にColor me gone.（私にgone色を塗ってくれ）もあります。

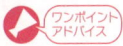

使えるイディオム 12 CD1 06

a little something

ささやかなもの、つまらないもの（謙遜で）

直訳すると
小さな何か

類義語
a small present

なぜ？がわかるPoint! 欧米人は贈り物を渡すとき、日本人のように謙遜した言い方をしないのが普通です。日本人的な言い方を直訳したThis is something trifling（つまらないものです）は禁句です。しかし、「ちょっとしたもの」（a little something）という言い回しはありえます。

A **Here's a little something for you. I hope you like it.**
B **Thanks a million. This is just what I wanted!**

A これは、あなたへのささやかな贈り物です。喜んでいただけるとよいのですが…。
B ありがとうございます。ちょうど欲しかったものです。

ワンポイントアドバイス　贈り物をもらったらその場で開けるのが欧米の習慣。May I open it?（開けていい？）と聞いてみましょう。

シーン2 移動・交通

as the crow flies
直線距離で

直訳すると
カラスが飛ぶように

類義語
in a straight line

なぜ？がわかるPoint! カラスはまっすぐしか飛べないということから、「直線距離」を言い表したのがこのイディオムです。他の英語で表すと in a straight line（まっすぐに）とか by the shortest route（最短距離で）です。

A How far is it from Boston to New York?
B It's about four hours as the crow flies.

A ボストンからニューヨークまではどのくらい離れているの？
B 直線距離で4時間くらいよ。

 直線でなく「蛇行」を表す場合は、in a zigzag line です。

packed like sardines
混雑して

直訳すると
いわしのように詰められて

類義語
pressed tightly together

なぜ？がわかるPoint! いわしの缶詰にいわしがぎっしりと詰まっていることから、このイディオムが生まれました。X is packed like sardines in Y. は「Y が X で混雑している」の意味だから Y is crowded with X とも表現できます。

A How was your first subway experience in Tokyo?
B We were all packed like sardines in the car.

A 東京で初めて地下鉄を経験してどうだった？
B 車両がすごく混雑していたよ。

 このイディオムは受動態で使われ、主語は通例「人」になります。

stuck in a time warp

そこだけ時間が止まっている

直訳すると: 時間歪曲に捕われて

類義語: there is no time there

なぜ？がわかるPoint! SFの世界で time warp とは「時間歪曲」、つまり、時間がゆがめられていること。このことから、時間のゆがみにつかまっている状態を表す英語 stuck in a time warp が生まれました。それが比喩的に、「そこだけ時間が止まっている」を意味するようになりました。

A **What did you think of that old house?**
B **It was like it was stuck in a time warp or something.**

A あの古い家をどう思った？
B あそこだけ時間が止まっている感じがしたよ。

 caught in a time warp と言っても OK です。

jaywalk

信号無視する

直訳すると: カケスの歩き方をする

類義語: ignore the traffic rules

なぜ？がわかるPoint! 20世紀初頭、田舎者のことが jay と呼ばれていました。その田舎者は都会に来ると交通ルールを無視して歩いたことが多かったことに由来して、jaywalk という言葉ができました。j の形のように歩く（信号を無視して戻ってくるイメージ）という俗説もあります。jay は普通、鳥のカケスの意味。

A **When you cross the street, mind the signals and stay in the crosswalk.**
B **Right, crossing recklessly will get me a ticket for jaywalking.**

A 道を渡るとき、信号に注意して横断歩道の上を歩きなさい。
B 分かったよ。無謀に横断したら信号無視の切符切られるよね。

 交通違反の切符も ticket と言います。

直訳すると
蛇の歩調で

類義語
very slowly

at a snail's pace
のろのろ

なぜ？がわかるPoint! snail とは「カタツムリ」のことです。カタツムリはゆっくりと動くので、「のろのろ」を表すイディオムができました。Eメールが頻繁に使われる現在、普通郵便は snail mail とも呼ばれます。

A He does a good job but he works at a snail's pace.
B He is rather slow, isn't he?

A 彼はいい仕事をするけど、ひどくゆっくりなんだ。
B 彼はかなり遅いよね？

ワンポイントアドバイス crawl（クロールする）も「のろのろ」の意味。

直訳すると
1本の足を振る

類義語
hurry up

shake a leg
急ぐ

なぜ？がわかるPoint! 1930年代にダンスが流行ったころに、よく用いられた表現で、はじめは「足を早く振りなさい」という意味でしたが、その後、「急ぐ」という一般的な意味になりました。

A We're going to be late for the train! Come on, shake a leg!
B Okay, I'll pick up the pace!

A 電車に遅れるわ！ さあ、急いで！
B 分かった。スピードを上げるよ！

ワンポイントアドバイス 西洋では足は「速さ」の象徴で良いイメージでの使用例が多い。

使えるイディオム 7 CD1 10

have no head for heights

高所恐怖症である

直訳すると
高いところの頭がない

類義語
have acrophobia

なぜ？がわかるPoint! 高いところ (heights) に対する冷静な頭 (head) を持たないということは、高所恐怖症を意味します。「高所恐怖症」自体は専門的には acrophobia と言います。

A Shall we visit Tokyo Tower?
B No! I have no head for heights.

A 東京タワーに行かないかい？
B いやよ！ 高所恐怖症なの。

 閉所恐怖症は claustrophobia です。

使えるイディオム 8 CD1 10

few and far between

数が少ない、極めてまれ

直訳すると
間は少なく遠い

類義語
very few

なぜ？がわかるPoint! 数が多くて距離が近いというのが理想的な状態であるとネイティブスピーカーは発想します。その反対のことは不思議にも頭文字が f で共通する few と far です。これは、よく似た単語をイディオムにするのが好きな英語の世界が作り上げた表現です。

A You dropped in at that new fancy restaurant last night, right?
B That's right, but the customers were few and far between.

A 昨日の晩、新しくオープンした豪華なレストランに寄ったんだって？
B そうなんだ。でも客がちらほらって感じだったよ。

 f が共通する言い回しに、fur and feather（鳥獣）があります。

シーン 3　会議

使えるイディオム 1　CD1-11

milk
食い物にする

直訳すると
乳を搾る

類義語
exploit

なぜ?がわかるPoint! milk は動詞で「…の乳を搾る」の意味があります。そこから発展して「人からお金などを絞りとる」、「物事を食い物にする」の意味で使われるようになりました。

A Mike is really good at milking his job, isn't he?
B Yeah, I always find him sitting down in the back somewhere while everyone else is busy.

A マイクは仕事を食い物にするのが本当にうまいね？
B ああ。他のみんなが忙しいとき、彼が後ろの方で座っているのをいつも見つけるよ。

 Grudges about food are deep-seated and long-remembered. (食い物の恨みは恐ろしい)

使えるイディオム 2　CD1-11

have a finger in the pie
首を突っ込んでいる、色々と関わっている

直訳すると
指をパイの中に入れる

類義語
be involved in everything

なぜ?がわかるPoint!「パイに手を突っ込んでいる」ということばは日本語では「首を突っ込む」と表現されます。in the pie の部分は、have a finger in every pie（色々と余計なことをする）、have a finger in too many pies（あまり色々しすぎている）など変えることができます。

A Do you have time to help us out?
B Sorry, I'm busy.　I have a finger in too many pies at the moment.

A 手伝ってくれる時間はある？
B ごめん、忙しいんだ。ちょうど今、たくさんのことに首を突っ込み過ぎているんだ。

 poke one's nose（鼻を突っ込む）でも「首を突っ込む」の意味になる。

使えるイディオム 3 CD1-12

tighten one's belt
経費を切り詰める

直訳すると
ベルトを締める

類義語
cut down (on) expenses

なぜ？がわかるPoint! 元来「空腹を紛らわすためにベルトをきつく締める」という意味で、これが「空腹を我慢する」に発展し、「経費を切り詰める」と連想して生まれたイディオムです。確かに、経費を切り詰めると食べ物が買えなくて空腹に耐えないといけませんね。

A We have to tighten our belts.
B You're right. We have to be careful with our money.

A 経費を切り詰めなければならない。
B その通り。お金に注意しなければならないわね。

ワンポイントアドバイス 「切り詰めた生活をする」は lead a frugal life、これを強調すると live with great frugality となる。

使えるイディオム 4 CD1-12

skyrocket
急騰する

直訳すると
ロケットのごとく空に上昇

類義語
rise suddenly

なぜ？がわかるPoint! ロケットが上昇するイメージから、相当な勢いで何かが上がることを意味するイディオムが生まれました。主に物価や株価の急騰について用いられます。

A Now that the singer is coming to Japan, I expect his CD sales to skyrocket here.
B You really think he will be that popular?

A その歌手が日本に来ているからには、彼のCDの売り上げは急増するだろう。
B あなた本当に彼がそんなに人気があると思っているの？

ワンポイントアドバイス 逆に「急落する」は nosedive（鼻からダイブする）、plummet（錘のように垂直に落ちる）。

直訳すると
…と球技をする

類義語
cooperate with

play ball with
協力する

なぜ？がわかるPoint! 一緒にボール遊びをするためには、お互いが協力する必要があります。一人で勝手な行動ができないからです。この発想が元になり、このイディオムが生まれました。

A I expect the negotiation to go well.
B You think he's willing to play ball with us?

A その交渉はうまく行くだろうと思うよ。
B 彼が喜んでぼくたちに協力すると思う？

ワンポイントアドバイス team up も「協力する」。→ Team up with her.（彼女に協力しなさい）

直訳すると
そのコースのパー

類義語
expected

par for the course
予想通り

なぜ？がわかるPoint! par はゴルフ用語で1コースを回る際の標準打数のことです。そこから、もっと幅広く「標準的で、予想通り、珍しいことではなく」の意味を持つようになりました。

A Her research was once again a real eye-opener.
B That's par for the course for her.

A 彼女の研究はまたしても目を見張るものがあったね。
B 彼女にとっては当然のことだけど。

ワンポイントアドバイス par でもう一つ→ be on a par with ～ in the ability to do …（…する能力は～と同じ）

bottom out
底をつく

直訳すると: 底に当たる
類義語: reach the lowest point

なぜ？がわかるPoint! bottom は「底」の意味ですが、商品先物取引の用語で「底値」を意味するようになりました。そこから、「底をつく」という意味の動詞用法が生まれました。

A We are expecting property values to bottom out sometime next year.
B So the only direction from there is up.

A 来年のいつか資産価値がどん底に落ち込むと思うよ。
B そしたら、そこからは上がって行くだけね。

「底値」は the rock-bottom price とか the bedrock price などと表現できます。

throw cold water on
けちをつける、水を差す

直訳すると: …に冷や水を投げる
類義語: find fault with

なぜ？がわかるPoint! 水自体は重要なものですが、冷たい水は嫌われます。その水を何かに悪影響を与えるように（＝被害の on が使われます）投げる行為は、「日本語でも水を差す」というように、マイナスイメージの「けちをつける」などの意味で使用されます。

A Sorry to throw cold water on your idea, but I totally disagree with it.
B I'm sorry to hear that.

A 君の考えにけちをつけて申し訳ないが、ぼくは全く同意できないよ。
B それを聞いて残念だわ。

熱い湯も嫌われます。→ Tom is in hot water with Lucy.（トムはルーシーと困ったことになっている）

使えるイディオム 9 CD1-15

not make heads or tails of
さっぱりわからない

直訳すると
…の頭も尾も作れない

類義語
not understand ... at all

なぜ？がわかるPoint! 新しい外国語を見て、「どちらが上（heads）でどちらが下（tails）なのか分からない」ときに発せられたことばが、「全く分からない」という一般的な意味を持つようになりました。

A This drawing is a house.
B Well, I can't make heads or tails of it.

A これは家の図面です。
B それではさっぱりわからないな。

 「君の理屈はさっぱり分からないよ」は I cannot follow your reasoning. と言えます。

使えるイディオム **10** CD1 15

in dire straits

困って

直訳すると
恐ろしい海峡にいる

類義語
be in trouble

なぜ？がわかるPoint! dire は「ひどい」、strait は「海峡」なので、「ひどい海峡にいる」という状況は困っている状況を意味します。さらにそこから「財政的に逼迫して」という意味も持つようになりました。

A If we forget where we parked our car, we're going to be in dire straits after the ballgame.
B Let's be careful not to forget then.

A ぼくたちが車をどこに駐車したか忘れたら、野球の試合の後ひどく困るだろう。
B そしたら忘れないように気を付けましょう。

 「座礁する」が起源の on the rocks も「困って」→ Our marriage went on the rocks. (結婚は破綻した)

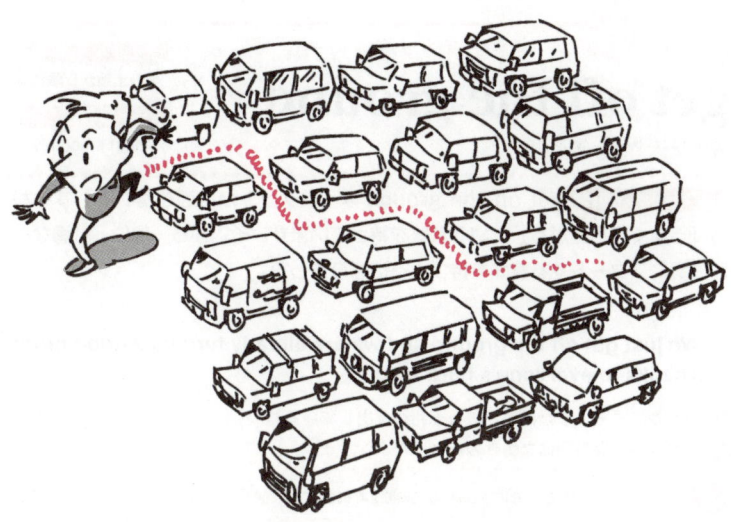

シーン4　思いつき・計画

ring a bell
ぴんと来る

直訳すると
ベルを鳴らす

類義語
remind someone of something

なぜ？がわかるPoint!　「何かを思い出して（思いついて）頭の中でベルが鳴る感じ」を表すイディオムです。下の訳は「思い出した？」がピッタリです。

A What was I just saying?
B Something about samurai. Does that ring a bell?

A ぼくは今から何を言おうとしていたのかな？
B サムライについてじゃなかった？　思い出した？

ワンポイントアドバイス　微妙に異なる ring the bell（そのベルを鳴らす）は「うまくいく」の意味。

get off the ground
計画がスタートする

直訳すると
その土地から離れる

類義語
start smoothly

なぜ？がわかるPoint!　get off the ground は「ロケットが地面を離れる」すなわち「うまく打ち上がる」という意味を持っています。そこから一般に、計画などが順調にスタートする意味を持つようになりました。

A We just got off the ground and we are already turning a good profit.
B Thanks to everyone's hard work.

A 計画がスタートしたばかりでもう利益を出しているね。
B それはみんなの懸命な働きのおかげだよ。

　There is neither plan nor system in everything she does.（彼女のやることには計画性がない）

pull the rug out from under someone
計画を台無しにする

直訳すると 下から絨毯を引き抜く

類義語 ruin the plan

なぜ？がわかるPoint! 誰かがのっている絨毯（rug）を引っぱりとってしまう行為は、計画をジャマするイメージがあります。このことから計画を台無しにしたり、援助を急に行わなくなったりすることを表現するようになりました。

A My manager decided to pull the rug out from under us.
B I can't believe she cut your budget by more than half.

A 部長がぼくたちの計画を台無しにすることを決めたんだ。
B 彼女があなたたちの予算を半分以上もカットするなんて信じられないわ。

ワンポイントアドバイス 「計画的に」は systematically → She has been studying systematically.（計画的に研究を続けてきた）

pie in the sky
夢のまた夢、理想論

直訳すると 空に浮かんだパイ

類義語 an idealistic theory

なぜ？がわかるPoint! 「死んだら天国でパイがもらえる」という詩の一節があり、はじめは励ましの言葉でした。しかし徐々に「非現実的な話、理想論」という意味で使われるようになりました。

A I have an awesome idea to triple your savings.
B This is not another pie-in-the-sky scheme, is it?

A 君の貯金を3倍にするすごい考えがあるんだ。
B それはまた非現実的な案ではないでしょうね？

 似た表現に castles in the air（空中楼閣）があり「空想」の意味です。

4 思いつき・計画

使えるイディオム 5 CD1-18

a house of cards
壊れやすいもの

直訳すると
カードで作った家

類義語
a plan hard to carry out

なぜ？がわかるPoint! of cards は「トランプでできた」の意味で、トランプでできた家は壊れやすいということで、実行不可能な計画や壊れやすいものの意味を持つようになりました。like a house of cards とすると「もろくも」という感じです。

A The first time the company had a scandal, it collapsed like a house of cards.
B I thought they would have been more secure than that.

A 初めて会社に不祥事が起こったとき、もろくも倒産した。
B もっと安定しているかと思っていたけど。

 bring down the house（家が壊れんばかりになる）は「聴衆から大喝采を浴びる」の意味。

使えるイディオム 6 CD1-18

in a nutshell
かいつまんで言えば

直訳すると
ナッツの殻の中に入れて

類義語
in a very few words

なぜ？がわかるPoint! ナッツの殻（nutshell）は小さいものの代表で、「その小さいものに入れている」というイメージが「かいつまんで」の意味を持つようになりました。

A I don't like airplanes, hotels, carrying luggage, and leaving my home.
B So in a nutshell you hate traveling.

A 私は飛行機も、ホテルも、荷物を運ぶのも、家を出るのも好きじゃないの。
B そしたら、かいつまんで言えば旅行が嫌いなんだね。

 「かいつまんで言うと」は他にも、in a word、in short、to sum up を使えます。

4 思いつき・計画

off the top of one's head

思いつきで

直訳すると
頭のてっぺんから離れて

類義語
without thinking deeply

なぜ？がわかるPoint! 頭のてっぺんから何かが離れるイメージから「思いつき」という意味が派生しました。頭からアイデアなどがポンポンと、またすぐに出てくるというイメージから、「次々に」とか「即座に」の意味も派生しています。

A I can't remember his name off the top of my head.
B Describe him for me and maybe I can help you out.

A 彼の名前をすぐに思い出せないんだ。
B 彼のことを私に説明してみて。そしたらたぶんあなたを助けてあげられるわ。

ワンポイントアドバイス 「それは単なる思い付きだ」は That's a casual idea. と表現できます。

break the ice

緊張をほぐす

直訳すると
氷を割る

類義語
ease someone's tension

なぜ？がわかるPoint! 氷が張っている状況は、緊張が張り詰めている状況を暗示します。だから、「氷を割る」という表現が、緊張をほぐすことを意味するようになりました。「口火を切る」「糸口を見つける」「座を打ち解けさせる」という日本語訳も状況により使えます。

A How did you break the ice at the blind date?
B I asked him where he bought his sunglasses.

A ブラインドデートのとき、どうやって緊張をほぐしたの？
B 私は彼にサングラスをどこで買ったか聞いたの。

ワンポイントアドバイス ブラインドデートとは友人の紹介により見知らぬ男女が初めから2人きりで会うデート。

使えるイディオム 9　CD1-20

the name of the game

肝心なこと

直訳すると
ゲームの名前

類義語
a very important thing

なぜ？がわかるPoint! 一般にゲームの名前には、「肝心なこと」や「一番大事なポイント」が含まれることが多いので、「ゲームの名前」という英語が肝心なことという意味を持つようになりました。また、name と game のような韻を踏むこともイディオムとして定着する原因です。

A In this business, the name of the game is speed.
B Right, we have to deliver as much milk before noon as we can.

A この仕事で肝心なことはスピードね。
B その通り。ぼくたちは正午前にできるだけたくさんの牛乳を配達しなければならない。

 game にはプラスイメージのイディオムが多い。→ ahead of the game（優勢である）

使えるイディオム 10　CD1-20

wash one's hands of

足を洗う

直訳すると
何かについて自分の手を洗う

類義語
sever one's connections with something

なぜ？がわかるPoint! 何か（特に良くないビジネス）を辞めることを、日本語では「足を洗う」と表現しますが、英語では「手を洗う」（wash one's hands）となります。この表現は新約聖書のマタイ伝第27章に出てきます。自分とは関係ないことを示すために手を洗ったという記述があります。

A He is planning to wash his hands of that shady business as soon as possible.
B That's good to hear.

A 彼はなるべく早く、その胡散臭い商売から足を洗うつもりよ。
B それはよかった。

 婉曲的に「トイレに行く」の意味も。→ Where can I wash my hands?（トイレはどちら？）

シーン5　交渉・契約

使えるイディオム 1　CD1-21

take a rain check

また今度にする

直訳すると
雨の小切手

類義語
do something next time

なぜ？がわかるPoint! rain check はもともと野球などが雨で流れたとき、観客に渡す「雨天順延券」です。そこで take a rain check（雨天順延券をもらう）という表現で「（申し出を断り）また今度にしてもらう」の意味が出ます。

A Let's go out for a movie tomorrow night.
B Can I take a rain check? I'll be busy then.

A 明日の夜映画を見に行きましょう。
B また今度にしてくれる？　その時は時間が取れないと思うんだ。

ワンポイントアドバイス give someone a rain check は「（申し出を断られたとき）また今度誘う」の意味。

使えるイディオム 2　CD1-21

red tape

厄介な手順

直訳すると
赤いテープ

類義語
complicated procedures

なぜ？がわかるPoint! 昔、公的な書類は「赤い紐」（red tape）で束ねられていたことに由来するイディオムです。公的な書類の紐→公的な書類→役所の仕事→厄介な手順と意味が発展しました。

A We are waiting for a new visa, but it's taking a long time.
B I've heard there's a lot of red tape that needs to be cut.

A 新しいビザを待っているんだけど、かなり時間がかかっているんだ。
B 厄介な手順がたくさんあるみたいだね。短縮される必要があるね。

ワンポイントアドバイス red にはマイナスイメージが多い。→ see red（非常に怒る）※闘牛で牛は赤い布に興奮する

till the cows come home

長い時間

直訳すると
牛が家に帰るまでずっと

類義語
for a long time

なぜ?がわかるPoint! 「乳搾りをしようと牛を待つのだが、牛はゆっくりと歩き、なかなか家に帰ってこない」ということに由来するイディオムです。このことから「長い間」の意味が出てきました。

A My daughter gets home from school and sings till the cows come home.
B She sings a lot huh?

A うちの娘は学校から帰ってきてずっと歌っているのよ。
B たくさん歌ってるんだろうね？

 もう一つ。→ as old as Adam（非常に古い、古臭い）※アダム＝人類の始祖と同じぐらい古い

in black and white

明文化して

直訳すると
黒と白で

類義語
written in a document

なぜ?がわかるPoint! black は黒インク、white は紙を象徴します。in black and white で「印刷されて」の意味をもつようになりました。その後、「明文化されて」「書面にして」の意味も生まれました。

A There are our conditions in black and white.
B Give me a minute to read these.

A 書面にした我々の条件です。
B 読むのに少し待ってもらえますか？

 black-and-white（善悪のはっきりした、書面の）、black-and-blue（精神的打撃を受けた、青いあざ）

使えるイディオム 5　CD1-23

the green light

許可

直訳すると
青信号

類義語
permission

なぜ？がわかるPoint! 信号の青信号は「進め」を表すので、その連想から「許可」を意味するイディオムができました。そしてgive X the green lightといえば「Xに対し許可を与える」の意味になります。

A Great news! We were given the green light for our newest book.
B That's wonderful. Let's get down to work.

A いい知らせだよ！　新しい本（を書く仕事）の許可が下りたんだよ。
B それは素晴らしい。さあ仕事に取りかかろう。

ワンポイントアドバイス the red light (赤信号) に「禁止」の意味はありません。see the red light が「危険に気づく、怯える」です。

使えるイディオム 6　CD1-23

up in the air

はっきり決まっていない

直訳すると
空中に上がったまま

類義語
still undecided

なぜ？がわかるPoint!「（何かが）空中に浮いた状態」が何も決まっていないことを暗示することが起源のイディオムです。日本語でも「宙ぶらりん」などと言いますね。発想が似ています。

A Did you ask Nadine to come to the party?
B I did, but she's up in the air about it.

A ナディーンにパーティーに来るように頼んでくれた？
B ええ。でも彼女が来るかどうかはっきり決まってないの。

ワンポイントアドバイス by air (飛行機で、航空便で)、on air (放送中)、put on airs (気取る)。

5　交渉・契約

使えるイディオム 7 CD1-24

in the wind
差し迫って

直訳すると
風の中に

類義語
coming up soon

なぜ？がわかるPoint! 風のちょっとした変化で何かを感じることがあります。この変化のイメージから、何かが迫っている感じを表したり、密（ひそ）かに何かが起ころうとしていることを意味しています。

A **There's a lot of scurrying around the office lately.**
B **It seems there are some changes in the wind.**

A 最近社内を走り回っている人が多いね。
B 差し迫って何か変化が起ころうとしているようだ。

ワンポイントアドバイス piss in the wind（風の中におしっこする）は、「無駄なことをする」の意味。

使えるイディオム 8 CD1-24

put one's money where one's mouth is
実際にお金を賭（か）ける

直訳すると
口にお金を置く

類義語
bet a person some amount of money

なぜ？がわかるPoint! 何でも口だけの人がいますが、「言うだけでなくお金を賭ける」という行為を、その口にお金を入れるということで表したのが、このイディオムです。

A **You say you can swim from Awaji to Shikoku, but I want you to put your money where your mouth is.**
B **Okay, I'll do it. Be sure to watch.**

A あなたは淡路から四国まで泳げるって言ってるけど、本当にお金を出して賭けてみてよ。
B いいよ。そうしよう。必ず見ていろよ。

ワンポイントアドバイス You are all talk and no action. で「あなたは口だけね」という意味になります。

使えるイディオム 9 CD1 25

直訳すると
薄い氷の上をスケートする

skate on thin ice

危ない橋を渡る

類義語
do something dangerous

なぜ？がわかるPoint! 薄い氷の上でスケートをすると、氷が解けて危ない状況になります。そこから「危険なことをする」という意味が派生しました。日本語では「危ない橋を渡る」がピッタリです。

A She's been bothering everyone lately. I'm thinking of letting her go.
B Does she know she's skating on thin ice?

A 彼女、最近みんなに迷惑をかけているだろう？ ぼくは彼女を辞めさせようと考えているんだ。
B 彼女、危ない橋を渡っていることを知っているのかしら？

ワンポイントアドバイス 「危ない橋を渡る」は他に run a risk や take chances to do ... など使えます。

使えるイディオム 10 CD1 25

直訳すると
どの氷も割らない

cut no ice

効果がない

類義語
not work well

なぜ？がわかるPoint! 氷を割ることができると、ジュースに入れたりできるので役に立ちます。また、氷が割れることはインパクトがありますね。逆に、氷が割れないということは、「効果がない、無駄である」を意味するのです。

A You can try all you want but your efforts cut no ice with me.
B So you're saying your opinion won't be swayed?

A 君のやりたいことをやればいいが、君の努力はぼくには効果がないよ（僕は気持ちが変わらないよ）。
B なら、あなたは自分の意見を全く変えないって言うの？

ワンポイントアドバイス 「彼女にお世辞を言っても無駄」は Flattery cuts no ice with her. （お世辞は彼女に効果なし）

5 交渉・契約

シーン6　売買・うわさ

使えるイディオム 1　CD1 26

sell like hot cakes
飛ぶように売れる

直訳すると
人気のケーキのように売れる

類義語
sell very well

なぜ？がわかるPoint!　日本人がしそうな直訳は「ホットケーキのように売れる」ですが、hot cake とは人気のケーキのことです。人気のケーキのように売れることが、もっと一般化されて「飛ぶように売れる」の意味になりました。

A Those new action figures are selling like hot cakes.
B The boys really enjoy playing with them.

A それらの新しい（アクション）フィギュアは飛ぶように売れているね。
B 男の子って本当にそれで遊ぶのが楽しいのね。

ワンポイントアドバイス　いわゆる日本語のホットケーキは、a pancake です。

使えるイディオム 2　CD1 26

set one's heart on
絶対欲しい

直訳すると
…に心臓を置く

類義語
really want to get

なぜ？がわかるPoint!　「自分の心臓を…に接触させる（…の上に置く）」という行為が、それをどうしても欲しいということを暗示します。そこに心臓を置くほど大切なものというイメージ。「心をオンにする」という発想も手伝い、「絶対〜したい」の意味が出ます。

A I've got my heart set on moving to Detroit.
B How long have you been thinking of moving?

A 私、絶対にデトロイトに引っ越ししようと思うの。
B どれくらい前から引っ越すことを考えていたの？

ワンポイントアドバイス　会話では one's heart の部分が前に出て、one's heart set on のような受け身形になっています。

使えるイディオム 3 CD1-27

直訳すると
ひざまずいて

類義語
pleading

on one's knees
嘆願して

なぜ？がわかるPoint! 「ひざまずく行為」が強くお願いしているイメージを連想させますね。on one's hands and kneesと言うと「四つんばいになって」(→ P. 82 参照) の意味になります。

A He got on his knees and asked me to forgive him.
B He must have felt really bad about it.

A 彼はひざまずいて私に許すよう頼んだの。
B 彼はそのことを本当に悪いと思っているんだよ。

ワンポイントアドバイス He brought her to her knees.(彼は彼女を服従させた)という表現も。to his kneesではない！

使えるイディオム 4 CD1-27

直訳すると
最後の足に頼って

類義語
about to collapse

on one's last legs
終わりに近づいて

なぜ？がわかるPoint! 「(どの足もだめになり) 最後の足で立っている」というイメージが、もう少しでだめになるという意味のイディオムを生みました。かつて狩猟や牧畜が中心だった西洋世界には足が大事なので、足 (legやfoot) のイディオムが多いのにも注意しましょう (→ P. 80 参照)。

A My car's on its last legs.
B It's time you thought about buying a new one.

A ぼくの車が壊れかけているんだ。
B そろそろ新車を買うことを考える時なんじゃない？

ワンポイントアドバイス 一般に、legのイディオムはプラスイメージです。fall on one's legs (成功する←自分の足で着地する)

使えるイディオム 5 CD1-28

straight from the horse's mouth
確かな筋から

直訳すると
馬の口から直接に

類義語
directly from the source

なぜ？がわかるPoint! 馬は歯を見ると正確な年齢がわかるということに由来するイディオムです。またアメリカでは非常に頼れる動物が馬であったことから、馬が「確かな情報源」の象徴として用いられることがあります。

A: Where did you hear about next year's company trip?
B: I heard it straight from the horse's mouth. We're going to Antarctica.

A: 来年の社員旅行のことどこで聞いたの？
B: 一番確かな筋から聞いたんだ。南極に行くんだよ。

ワンポイントアドバイス 馬のイディオムをもう一つ。back the wrong horse（判断を誤る）

使えるイディオム 6 CD1-28

through the grapevine
噂（うわさ）で

直訳すると
ブドウのつるを通して

類義語
rumored

なぜ？がわかるPoint! 今度は「確かな情報筋から」ではなく「人づてに」という意味のイディオムです。grapevineは「ブドウのつる」で、昔、モールス信号の電線が電柱にこびりついている様子が、このつるに似ていることから、このつる自体に「情報」の意味が含まれ、次第に「噂（うわさ）」の意味に変化しました。

A: I heard it through the grapevine that your son has been eyeing my daughter.
B: You heard correctly. He likes her.

A: 君の息子がうちの娘に色目を使っていると噂で聞いたんだ。
B: 間違いないよ。彼は彼女が好きなんだ。

ワンポイントアドバイス 「人の噂も75日」を英語ではA wonder lasts but nine days.

使えるイディオム 7 CD1-29

chicken feed

はした金

直訳すると
鶏のえさ

類義語
a very small amount of money

なぜ？がわかるPoint! 元来、アメリカの開拓者たちが、金銭的には全く価値のない穀物を鶏(にわとり)のえさにしていたことに由来するイディオムです。だから「はした金」の意味で、日本語的発想では「すずめの涙」ほどの意味と言えます。

A I offered him thirty dollars for the camera and he refused.
B Of course, that's chicken feed.

A ぼくは彼に30ドルでそのカメラを買おうと申し出たが、彼は断ったんだ。
B 当たり前だよ。そんなはした金では。

ワンポイントアドバイス 「すずめの涙ほどのボーナスだったよ」は I got an itsy-bitsy bonus. とも。

使えるイディオム 8 CD1-29

by word of mouth

口コミで

直訳すると
口の言葉によって

類義語
told from person to person

なぜ？がわかるPoint! 新聞・雑誌・文書ではなく口伝えで情報が伝わることを意味するイディオムです。文字通り、「口から出る言葉によって」の意味ですが、日本語では「口コミ」が適訳です。

A How did you hear about that website?
B By word of mouth.

A あのウェブサイトのことをどうやって知ったの？
B 口コミで。

ワンポイントアドバイス words と複数形になると「口論」という意味でも使えます。

使えるイディオム 9 CD1-30

burn one's fingers
（金銭的に）痛い目にあう

直訳すると
自分の指をやけどする

類義語
have a terrible experience

なぜ？がわかるPoint! 色々と使える自分の指をやけどしたらひどいことになりますね。余計なことをして困ったことになることを表すのに「指のやけど」を用いたのです。日本語ではこれに似た表現の「手を焼く」がありますね。こちらは人の扱いに困る（= at a loss how to deal with …）ということです。

A How do you feel about investing in gold?
B I burnt my fingers doing it so I won't do it again.

A 金に投資することについてどう思う？
B それで痛い目にあったから、もう二度とやらないよ。

ワンポイントアドバイス get burned だけでも「痛い目に遭う」を表せます。

使えるイディオム 10 CD1-30

drop a bombshell
爆弾発言をする

直訳すると
爆弾を落とす

類義語
make a bombshell statement

なぜ？がわかるPoint! bombshell とは爆弾（bomb）や砲弾（shell）のことで、それが怖いものの代名詞みたいになり、「爆弾を落とす」という表現がそのまま「爆弾発言をする」の意味を持つようになりました。

A Did you hear? Mika dropped a bombshell today.
B What was it?

A 聞いた？　ミカが今日爆弾発言をしたんだって。
B 何だったの？

ワンポイントアドバイス 怖いという感情を抱かせるものとして「肉体的な美女」の意味も bombshell を使います。

シーン7　会話・もてなし

6 売買・うわさ

7 会話・もてなし

使えるイディオム 1　CD1 31

full of hot air

口だけ

直訳すると
熱い空気で一杯

類義語
tend to talk big

なぜ？がわかるPoint!　ほらを吹くとき人は熱心に成りすぎて、口から熱い空気を出しているイメージがあります。このイメージからイディオムに発展しました。

A Ben is full of hot air.
B Right, nothing he says pans out.

A ベンは大ぼらふきだよね。
B その通りだよ。彼の言うことは何も成功したためしがないからね。

ワンポイントアドバイス　会話の pan out は口語で「(計画が)うまくいく、(人が)成功する」の意味です。

使えるイディオム 2　CD1 31

white lie

罪のない嘘

直訳すると
白い嘘

類義語
sinless lie

なぜ？がわかるPoint!　white には罪ケガレのないイメージがあります。これと lie (嘘) が結びついて、「罪のない嘘」という表現が生まれました。ちなみに「真っ赤な嘘」は a red lie ではなく an absolute lie です。

A He said he was late because his car broke down, but I don't believe it.
B In any case, it's only a white lie so it's no big deal.

A 彼は車が壊れたから遅刻したって言ったんだ。でもぼくは信じないよ。
B いずれにせよ、それは罪のない嘘なんだから大したことではないよ。

ワンポイントアドバイス　He is really a whiteheaded boy. (彼は本当に幸運な奴だ) white はプラスイメージ。

使えるイディオム 3 CD1 32

take the cake
並外れている

直訳すると
ケーキを取る

類義語
abnormal

なぜ？がわかるPoint! 昔、競争に勝った人がケーキを獲得できたということに由来するイディオムです。ケーキを獲得できたら、能力が並外れているということになるわけですが、現在では皮肉として使われます。

A I thought showing up for class with no books is bad, but showing up with no clothes?
B That surely takes the cake!

A 本も持たずに授業に現れるのは悪いことだと思ったけど、服を着ないで現れたの？
B それは確かに並外れているね！

ワンポイントアドバイス 「並外れているね」が皮肉で用いられ、「あきれたものだ」ほどの意味になります。

使えるイディオム 4 CD1 32

the red carpet
特別のもてなし

直訳すると
赤いカーペット

類義語
give someone a warm welcome

なぜ？がわかるPoint! ハリウッドスターや国賓(こくひん)がレッドカーペットを歩くことから、特別のもてなしを意味するようになりました。「give ... the red-carpet treatment」の形で「…を特別にもてなす」の意味になります。

A Our CEO is visiting today and I want to give him the red carpet treatment.
B Understood. We'll make sure he feels very welcomed.

A CEOが今日来られるので、特別のおもてなしをしたいと思います。
B 分かりました。彼がとても歓迎されていると感じるようにしましょう。

ワンポイントアドバイス roll out the red carpet (レッドカーペットを広げる)の形でも「特別にもてなす」の意味。

使えるイディオム 5 　CD1-33

直訳すると
家に依存

類義語
The company will treat you.

on the house

店のおごり、会社のおごり

なぜ？がわかるPoint! on のコアの意味は接触です。加えて、何かに頼ることは、それに接触する（コンタクトを取る）ことも暗示するので、on the house は「会社に頼る」です。そこから発展して「会社（店）のおごり」という意味になります。house には会社という意味もあるので覚えておきましょう。

A How much are these sweets?
B You can take one; they are on the house.

A このスウィーツはおいくら？
B お一つどうぞ。当店の無料サービスです。

ワンポイントアドバイス It's on me.（それは私に依存する）で「私がおごるよ」の意味。

使えるイディオム 6 　CD1-33

直訳すると
パン屋の12

類義語
thirteen

baker's dozen

13個

なぜ？がわかるPoint! これは16世紀後期に生まれた古いイディオムです。パン屋がパンの中を空洞にして売っていたが、政府から厳しく取り締まられたので、1ダースのパンを注文したお客さんに、おまけとして1つ余分にサービスしたことに由来します。

A She sure has a lot of kids.
B Yeah, a whole baker's dozen worth.

A 彼女は確かに子供がたくさんいるね。
B ええ、みんなで13人よ。

ワンポイントアドバイス 「13人しか出席していなかった」は There were but a baker's dozen of members present.

7 会話・もてなし

使えるイディオム 7 CD1-34

give someone the cold shoulder
冷たい態度で接する

直訳すると
冷たい肩を与える

類義語
treat someone coldly

なぜ？がわかるPoint! 19世紀はじめのスコットランドで「嫌な客に冷たい羊の肩肉しか出さなかった」ことに端を発し、フンと肩を背けるイメージも手伝って、このイディオムが成立しました。

A Did he give you the cold shoulder again?
B Yes, he keeps ignoring me.

A また彼、あなたに冷たいの？
B ええ。彼、私をずっと無視しているの。

ワンポイントアドバイス 動詞での用例 → She cold-shouldered her ex-boyfriend.（彼女は元彼には冷たかった）

使えるイディオム 8 CD1-34

take ... with a grain of salt
話半分に聞く

直訳すると
1つまみの塩で…を取る

類義語
not take ... at face value

なぜ？がわかるPoint! 塩粒（a grain of salt）が解毒剤であった時代に、「ものに塩粒を振りかけて受け入れる」から「疑いの目で持って物事を受け入れる」の意味に発展して、イディオムが成立しました。

A She said her father owns half of the stores on this block.
B You should take that with a grain of salt. She usually exaggerates.

A 彼女はお父さんがこの地区の半分の店を所有しているって言っていたわ。
B うのみにしない方がいいよ。彼女はたいてい大げさに言うから。

ワンポイントアドバイス a grain of salt が a pinch of salt（ひとつまみ）に置き換わる場合もあります。

7 会話・もてなし

使えるイディオム 9　CD1 35

talk turkey

率直に話す

直訳すると
七面鳥のことを話す

類義語
talk honestly

なぜ？がわかるPoint! 白人とネイティブアメリカンが捕まえたカラスと七面鳥を分けるときに、後者が「両者とも欲しい七面鳥のことを率直に話そう」と言ったことに由来するイディオムです。2つの単語のｔが共通するのできれいに韻が踏めていますね。

A Enough with the foolishness, let's talk turkey.
B Okay, I'm ready to get down to business.

A 馬鹿な話はもういいから、まじめに話そう。
B 分かったよ。いつでも本題に取りかかれるよ。

ワンポイントアドバイス　七面鳥は昔 Turkey（トルコ）経由で入ってきたホロホロ鳥と勘違いされて turkey と名づけられました。

使えるイディオム 10　CD1 35

in the red

赤字で

直訳すると
赤の中にある

類義語
at a loss

なぜ？がわかるPoint! 昔、借方（負債を負っている側）を赤い字で表示したことから、「お金のマイナス」を in the red と呼ぶようになりました。反対は「黒字」(in the black) です。

A We've been in the red now for the last three quarters.
B We'll have to turn things around quickly or we're going to be out of a job.

A ここ3四半期ずっと赤字だな。
B 事態を早急に好転させなければ。さもないと、仕事がなくなってしまうよ。

ワンポイントアドバイス　「その会社は10万ドルの赤字である」は The company is 100,000 dollars in the red.

シーン8 愛想・批判

使えるイディオム 1 CD1 36

butter up
おだてる

直訳すると
バターを塗る

類義語
flatter

なぜ？がわかるPoint! butter には動詞で「バターを塗る」、さらに、口語で「おべっかを言う」の意味があります。spread the butter thick（厚くバターを塗る）や lay on the butter（バターを上に置く）も「おべっかを言う」の意味になります。

A You're always in great shape and dress so fashionably.
B You're just trying to butter me up. What do you want?

A 君はいつもスタイルが良くて、おしゃれな服装をしているね。
B 私を煽てようとしているだけね。何が欲しいの？

ワンポイントアドバイス butterでもう一つ。butter both sides of one's bread（2つのことから同時に利益を上げる）

使えるイディオム 2 CD1 36

a toadeater
おべっか使い

直訳すると
ヒキガエルを食べる人

類義語
a flatterer

なぜ？がわかるPoint! 17世紀のイギリスで「インチキ薬」（nostrum）を売る医者が、毒のある「ヒキガエル」（toad）をアシスタントに食べさせて、その薬で治すという方法をとっていたのです。だから、進んでtoadを食べる人（toadeater）は「おべっか使い」という意味になりました。

A Jill came in early today just so she could wish her boss a happy birthday first.
B She's a real toadeater. That's for sure.

A ジルは一番先に上司の誕生日を祝えるように、今日早く来たんだ。
B 彼女って確かにおべっか使いね。

ワンポイントアドバイス apple-polisher（りんごを磨く人）、a bootlicker（靴をなめる人）も「おべっか使い」。

7 会話・もてなし

8 愛想・批判

使えるイディオム 3 CD1 37

wrap someone around one's little finger
言いなりにさせる

直訳すると
小指の周りに人を巻く

類義語
Someone is one's plaything.

なぜ？がわかるPoint! wrap someone around one's little finger（人を自分の小指の周りに巻く）において、someone と one's は異なる人です。one は wrap の主語に当たる人です。小指であしらうイメージだから「言いなりにさせる」の意味が出ます。

A Do you think you can get her to agree with the plan?
B Don't worry; I have her wrapped around my little finger.

A あなたは彼女にその計画に同意してもらうことができると思う？
B 心配ないよ。彼女をぼくの言いなりにさせるよ。

ワンポイントアドバイス wrap の w は発音しません。

使えるイディオム 4 CD1 37

have a heart of gold
人間ができている

直訳すると
黄金の心を持っている

類義語
be broad-minded

なぜ？がわかるPoint! 西洋人は「優しさ」のイメージを「金（gold）でできた心」すなわち a heart of gold で表現します。一方、「冷徹さ」は「石でできた心」すなわち a heart of stone で表現します。→ He has a heart of stone.（彼は冷たい奴だ）

A Her generosity and kindness have touched many people.
B Yes, she has a heart of gold.

A 彼女の寛大さと親切心に多くの人が感動したね。
B ええ。彼女は人間ができているものね。

ワンポイントアドバイス 「優しい」という意味から発展して「人間ができている」というニュアンスに。

8 愛想・批判

使えるイディオム 5 （CD1 38）

lead a cat-and-dog life
犬猿の仲

直訳すると　猫と犬の生活を送る
類義語　be always unfriendly

なぜ？がわかるPoint! 英語の世界では犬と猫が仲の悪い代表とされています。どちらもペットの代表格なので、競争心がありそうだという考えと、この2種の動物の性格が全く異なるという事実が背景にあります。日本語では「犬猿の仲」ですね。

A My neighbors lead a cat-and-dog life. I can't sleep at night.
B You mean they are always arguing?

A 私のご近所は犬猿の仲なの。夜も眠れないわ。
B 彼らはいつも言い争っているってこと？

ワンポイントアドバイス　犬は肉食武勇派、猿は草食頭脳派として対立、どちらも集団で行動し縄張り意識が強く、仲が悪い。

使えるイディオム 6 （CD1 38）

pot calling the kettle black
自分のことを棚にあげる

直訳すると　ポットがやかんを黒呼ばわり
類義語　to play innocent

なぜ？がわかるPoint! ポットもやかんも火にかけたら下が黒くなるので、お互いに「お前が黒い」とは言えないことから、「どっちもどっち」、さらに、「自分のことを棚に上げる」という意味のイディオムが成立しました。「黒」は「悪」を暗示するので、イディオム性が高い表現です。

A You arrived to work late four times last month.
B That's the pot calling the kettle black. You are late five times.

A 君は先月4回会社に遅刻したよ。
B 人のこと言えないよね。あなたは5回だもの。

ワンポイントアドバイス　「こういうのを目くそ鼻くそと言うんだ」も。→ This is a case of the pot calling the kettle black.

使えるイディオム 7　CD1 39

raise eyebrows
驚かせる

直訳すると
眉毛を上げる

類義語
surprise

なぜ？がわかるPoint! 眉（まゆ）が上がることは「驚きやショック」の表情であると欧米人は考えます。だから、このイディオムは「驚かせる」や「ショックを感じさせる」の意味になります。raise a few eyebrows や raise a lot of eyebrows のように加工することも可能です。

A **Did you see that gown she was wearing last night?**
B **Yeah, it raised a lot of eyebrows.**

A 彼女が昨夜着ていたガウン見た？
B ええ。それにはとても驚いたわ。

ワンポイントアドバイス　「まゆ」関連 → 濃い眉毛 bushy eyebrows、八の字の眉毛 slanted eyebrows

使えるイディオム 8　CD1 39

quiet as a mouse
おとなしい

直訳すると
ねずみのように静かな

類義語
very quiet

なぜ？がわかるPoint! 西洋人にとっては、ねずみ（mouse）は小さく静かな動物というイメージがあるので、「大人（おとな）しい」ということを「mouse のごとく」と表現します。

A **You can sleep in the room upstairs, but please be quiet as a mouse.**
B **I understand. I will do my best not to make a sound.**

A 2階の部屋で寝てもいいけど、おとなしくしておいてね。
B 分かったよ。音を立てないように気を付けるよ。

ワンポイントアドバイス　ねずみでもう一つ。as poor as a church mouse（ひどく貧乏な）

big cheese
リーダー

直訳すると: 大きなチーズ
類義語: boss

なぜ？がわかるPoint! これは「リーダー」、「重要人物」、「大物」の意味です。この由来には2説あります。1つは chief が cheese の発音に似ていること、もう1つはパキスタンの言語ウルドゥー語で「物」の意味の chiz が cheese の発音に似ていること。つまり言葉遊びが由来です。

A So who is the big cheese here?
B John over there is the boss.

A ここでのリーダーは誰？
B 向こうにいるジョンがボスだよ。

ワンポイントアドバイス: 冠詞の違いに注意。John is the boss.（ジョンがボスだ）、John is a boss.（ジョンはボスだ）

top banana
責任者

直訳すると: トップのバナナ
類義語: the person responsible

なぜ？がわかるPoint! 3人で演じる笑劇で洒落たことを言った役者にバナナが与えられることに由来し、「主役コメディアン」を top banana と言いました。ここから発展して「責任者」「重要人物」の意味が含まれるようになりました。

A This project's top banana is perfect for the job.
B Our choice of the leader was right.

A このプロジェクトの責任者はその仕事にはぴったりだ。
B 私たちの選択は正しかったのよ。

ワンポイントアドバイス: second banana と言えば「脇役コメディアン」「ボケ」で、さらに一般化し「ナンバーツー」の意味も。

シーン9　リラックス

使えるイディオム 1　CD1 41

breathing room
ほっとする余裕

直訳すると
息する部屋

類義語
relaxing time

なぜ？がわかるPoint!　room には「余裕」という意味があるので、文字通りだと「息する余裕」を意味します。つまり、「ほっと一息する余裕・時間・ゆとり」の意味を持っているのです。

A **The report is due in ten days, and luckily, we are almost finished.**
B **It feels good to have some breathing room.**

A その報告書は10日以内に提出しなければいけないが、幸いにもほとんど終わりかけだ。
B 一息つく時間ができて良かったね。

ワンポイントアドバイス　She looked calm and confident even before the exam.（試験前でも彼女は余裕 綽々(しゃくしゃく)）

使えるイディオム 2　CD1 41

have a green thumb
園芸の才がある

直訳すると
緑の親指を持っている

類義語
have a talent for gardening

なぜ？がわかるPoint!　「親指が緑になる」まで草をいじっているのは、園芸が好きでとことんそれに携わっているからであろうという考えから、「園芸の才がある」という意味が成立しました。

A **Peter has always had a green thumb.**
B **That's why his pear trees produce such nice fruit.**

A ピーターって、(いつも) 園芸の才があるよね。
B それで、彼の梨の木がそんなに立派な実をつけているんだね。

ワンポイントアドバイス　brown は枯れた植物の色なので、have a brown thumb で「園芸の才があまりない」。

使えるイディオム 3 　CD1-42

a bed of roses
気楽な身分

直訳すると　バラでできたベッド
類義語　comfortable situation

なぜ？がわかるPoint! 英詩人クリストファー・マーロウの詩の中で使われた句をもとに生まれたイディオムです。その詩では bed of roses は恋人たちのために作るバラの花壇のことですが、これから連想し「安楽な状況」「気楽な身分」という意味になったのです。

A **My life has been a bed of roses after transferring to this new company.**
B **I'm glad things are so comfortable for you.**

A この新しい会社に転職してから、ぼくの生活は楽になったよ。
B 快適な暮らしになって良かったわね。

ワンポイントアドバイス Life is not a bed of roses.（人生は決して楽しいことばかりではない）

使えるイディオム 4 　CD1-42

paint the town red
ドンチャン騒ぎをする

直訳すると　町を赤に塗る
類義語　go on a spree

なぜ？がわかるPoint! このイディオムの起源は色々考えられます。ローマの兵士が征服した町を血で洗ったこと、町で赤字になるまではしご酒をすること、酔っ払って町が赤く見えること、町で流血騒ぎが起きるほど大酒を飲むことなどです。

A **You look tired.**
B **Last night we painted the town red after work.**

A 疲れているようだね。
B 昨晩仕事の後ドンチャン騒ぎをしたんだよ。

ワンポイントアドバイス raise the roof（屋根を上げる）も「ドンチャン騒ぎをする」の意味。

使えるイディオム 5　CD1 43

bring the house down
大いに受ける

直訳すると
家を打ち壊す

類義語
be extremely popular

なぜ？がわかるPoint! 拍手の音が家を壊しそうなくらい大好評で拍手喝采(かっさい)という意味です。だからショーなどが「大いに受ける」という意味を持つようになりました。状況によっては「拍手喝采を浴びる」と訳すこともできます。

A How was the show last night?
B It was great. They really brought the house down.

A 昨夜のショーはどうだった？
B 素晴らしかったわ。大喝采を博したのよ。

ワンポイントアドバイス　人気を博すという意味のtake → This fashion will not take.（このファッションは受けないだろう）

使えるイディオム 6　CD1 43

soap opera
昼ドラ

直訳すると
石鹸(せっけん)のオペラ

類義語
a kind of melodrama

なぜ？がわかるPoint! 連続メロドラマ（昼のドラマなので「昼ドラ」とも言われる）のことをsoap operaと言うのは、スポンサー（広告主）が石鹸の会社であったからです。

A My mother won't stop complaining about a small mistake I made.
B I heard she told everyone about it. The whole situation has become a soap opera.

A 母がね、私のちょっとした間違いのことで文句ばかり言っているのよ。
B 君のお母さん、それをみんなに話してるそうだよ。もはや昼ドラの状況だね。

ワンポイントアドバイス　石鹸の数え方に注意！ a cake of soap（石鹸1個）

使えるイディオム 7 (CD1 44)

get ... off one's chest
人に話してすっきりする

直訳すると
自分の胸から…を取り去る

類義語
get the load off one's shoulders

なぜ？がわかるPoint! 日本語でも「胸につかえていること」を話すとすっきりするというように、英語でも「胸から何かを取り去る」という表現をもって、「人に話してすっきりする」ことをいいます。

A **Why say that all of a sudden?**
B **I just wanted to get it off my chest.**

A なぜ突然そんなことを言うの？
B 心の内を明かしたかっただけなの。

ワンポイントアドバイス 人に「話し」て心に引っかかっているものを「離す」。日本語の「はなす」は語源的にも関係深い。

使えるイディオム 8 (CD1 44)

shoot the breeze
世間話をする

直訳すると
そよ風を撃つ

類義語
chat

なぜ？がわかるPoint! 日本語には「機関銃のように喋る」などの表現があります。一方、英語では「そよ風を撃つ」という表現があります。「世間話をする」の意味を持ちます。お喋りのエネルギーが風に向かって攻撃しているイメージがあるのですね。

A **Want to shoot the breeze for a minute?**
B **Sorry, I can't chat right now. I'm busy.**

A ちょっとおしゃべりしない？
B ごめん。今は話せないんだ。忙しくて。

ワンポイントアドバイス bat the breeze、fan the breeze も同じ意味です。

9 リラックス

使えるイディオム 9 CD1 45

save the day
救い出す

直訳すると
その日を救う

類義語
make someone successful

なぜ？がわかるPoint! 動詞 save（救う）の目的語には、人や物だけでなく、状況など動詞が来ることもあります。the day は「問題をはらんだ日」を指し、「（この日を）うまく切り抜ける」の意味になります。さらに発展して「うまく行く」の意味が出てきます。

A **Have you lost a business card? Here you are.**
B **Thanks, you really saved the day.**

A 名刺を失くしてないかい？　はい、どうぞ。
B ありがとう。おかげで本当に助かったよ。

ワンポイントアドバイス save the situation と言えば「その場をうまく切り抜ける」。

使えるイディオム 10 CD1 45

give someone the air
振る

直訳すると
人に空気を与える

類義語
jilt

なぜ？がわかるPoint! 「人に空気を与える（＝具体的なものはあげない）」ということは「人に冷たくする」というイメージで、特に、男女間の付き合いに関して使われます。get the air from someone の形であれば、「人にふられる」の意味となります。

A **My girlfriend gave me the air last night.**
B **You broke up?**

A 昨晩彼女にふられたんだ。
B あなたたち別れたの？

ワンポイントアドバイス 「解雇する」という意味で、give ... the gate、give ... the boot という表現もよく聞きます。

シーン10　困惑・やきもき

使えるイディオム 1　CD1 46

a hot potato

難題

直訳すると
熱い芋

類義語
a problem hard to solve

なぜ？がわかるPoint! 熱いポテトは手に持っていられないので、渡されてもすぐに次の人に渡してしまいます。そして次から次へと投げ渡されます。議論を繰り返している様子をポテトを投げている様子にたとえたのがこのイディオムで、「難題」の意味に発展しました。

A The issue of religion being taught in the classrooms is a hot potato recently.
B It does lead to a lot of heated debate.

A 授業で教わっている宗教の問題が最近難題なのよ。
B 激しい議論を招くものね。

ワンポイントアドバイス　クイズなどの正解に近づく過程で、You are getting hot.（もう少しだ）もよく使います。

使えるイディオム 2　CD1 46

drive someone up the wall

いらいらさせる

直訳すると
人を壁の上に追いやる

類義語
come to irritate someone

なぜ？がわかるPoint! drive は「（車を）運転する」だけでなく「（人を）動かす」の意味があります。「壁の上に動か」されると、その人を追い詰めることになり、人はいらいらすることでしょう。そこでこのイディオムができました。

A She drove me up the wall with her loud music last night.
B Ask her to turn it down next time.

A 昨晩彼女の騒がしい音楽でいらいらしたんだ。
B 今度は音を小さくしてもらうように頼んだら。

ワンポイントアドバイス　よく似た表現をもう一つ。drive someone up a tree（いらいらさせる）

---

9 リラックス

10 困惑・やきもき

使えるイディオム 3 CD1 47

turn the tables
形勢を逆転する

直訳すると
テーブルをひっくり返す

類義語
change the situation

なぜ？がわかるPoint! ここでの table とはバックギャモン（西洋双六）やチェスのボードのことです。負けているときにこれを回転させて逆にすると、形勢は逆転しますね。このイメージからできたイディオムです。t という音で韻を踏んでいるので覚えやすいですね。

A **I was winning the match at first but he turned the tables and I lost.**
B **He made quite the comeback, I see.**

A 最初は試合に勝っていたんだけど、形勢が逆転し、負けてしまったんだ。
B 彼は完全に復活したんだね。

ワンポイントアドバイス 形勢が有利は The situation is in our favor. で、不利は The situation is against us.

使えるイディオム 4 CD1 47

be in a lot of hot water
（人が）大変な状況になっている

直訳すると
たくさんの湯の中にいる

類義語
be in great trouble

なぜ？がわかるPoint! 西洋の英語圏では熱い湯が大変な状況を暗示します。そのため「たくさんの湯につかること」は大変な状況にあることを意味するのです。お風呂好きの日本人にはやや不思議に思うかもしれませんね。

A **She's in a lot of hot water.**
B **What is she in trouble for?**

A 彼女は大変な状況なんだ。
B 彼女は何に困っているの？

ワンポイントアドバイス 深い水の中にはまり込む状況も「大変な困難にある」を意味します。→ She is in deep water(s).

使えるイディオム 5 　CD1-48

bell the cat

進んで難局に当たる

直訳すると　猫に鈴をつける

類義語　willing to cope with the difficulty

なぜ？がわかるPoint!　イソップ物語で、猫に悩むネズミたちの1匹が「猫を確認し、猫から逃げられるよう、猫に鈴をつけること」を提案するものの、進んでそれをする者がいなかったことに由来するイディオムです。

A Someone has to warn the boss that we won't tolerate his rude comments.
B So who will bell the cat?

A 上司の失礼な発言には耐えられないって誰かが警告しないとね。
B じゃあ、誰が引き受けるの？

ワンポイントアドバイス　bell といえばこういう表現も→ She rings my bell.（いい女だねえ）

使えるイディオム 6 　CD1-48

in someone's hair

うっとうしい

直訳すると　人の髪の中にいて

類義語　quite annoying

なぜ？がわかるPoint!　何かが髪の中に入り込んだら嫌な感じですね。また、髪の中に何かが入ったらもつれてしまう可能性もあります。それで、この表現が「うっとうしい」という意味になりました。Bの会話のように、英語は良いイメージの単語でも2回繰り返すと皮肉や批判的態度を表します。

A Will you leave me alone? You've been in my hair all day!
B Alright alright!

A 一人にしてくれる？　一日中うっとうしいんだ！
B 分かった、分かったわ！

ワンポイントアドバイス　hair でもう一つ。not turn a hair（髪1本すら曲げない）で「平然としている」の意味。

10　困惑・やきもき

使えるイディオム 7 CD1 49

the last straw
堪忍袋の緒が切れる

直訳すると
最後のわら

類義語
lose one's temper

なぜ？がわかるPoint! The last straw that broke the camel's back（ラクダの背骨を折った最後のわら）に由来します。ラクダは700kgもの重さに耐えると言われています。しかし、わら一本の重さでも限界を超えると背骨が折れるとも言われ、「とどめの一発」「堪忍袋の緒が切れる」の意味のイディオムができました。

A **Alright, that's the last straw.**
B **What did I do? I didn't do anything to make you mad.**

A もういい。堪忍袋の緒が切れたわ。
B ぼくが何をしたの？　何も怒らせるようなことしていないよ。

ワンポイントアドバイス straw は「ちっぽけ」が多い → split straws（些細なことで争う）、not worth a straw（全く価値がない）

使えるイディオム 8 CD1 49

add insult to injury
踏んだり蹴ったり

直訳すると
怪我の上に侮辱を加える

類義語
Everything goes wrong.

なぜ？がわかるPoint! insult は「侮辱」、injury は「怪我」の意味。怪我しているのに、さらに侮辱をするという言い回しです。つまり人を踏んだり蹴ったりの目に合わすということです。

A **So then, to add insult to injury, he told her she was a bit overweight.**
B **Really? So he broke up with her and then told her that?**

A それで、彼女は彼にちょっと太り過ぎだと言われて踏んだり蹴ったりの目に遭ったのよ。
B 本当に？　彼は彼女と別れてそんなことまで言ったの？

ワンポイントアドバイス salt（塩）を使って同じ意味 → That's rubbing salt into the wound.（それじゃあ踏んだり蹴ったりだ）

使えるイディオム 9 CD1 50

go bananas

キレる、狂う、夢中になる

直訳すると
バナナになる

類義語
be crazy for

なぜ？がわかるPoint! 英語では go ＋形容詞でマイナスイメージの言葉ができます。go bad（腐る）、go mad（狂う）、go wrong（故障する）などです。banana はやわらかいことから、go bananas で気持ちが軟弱になることを意味します。心の弱さが原因でカッとなったり、必死になったりすることも意味します。

A **What should we do with all this extra cash?**
B **I say we go bananas with it.**

A この余分なお金はどうしたらいいのかしら？
B パーッと使ったらいいんじゃない。

ワンポイントアドバイス He is a banana-head.（あいつは間抜けだ）、That's banana oil.（そんなのたわごとだ）です。

使えるイディオム 10 CD1 50

lose one's shirt

全てを失う、無一文になる

直訳すると
シャツを失う

類義語
come to have no money at all

なぜ？がわかるPoint! ギャンブルや投資で無一文になることを意味します。ギャンブルで負けつくしてしまうと、着ているシャツまで奪われるからです。

A **How was Vegas?**
B **I lost my shirt.**

A （ラス）ベガスはどうだった？
B 無一文になったよ。

ワンポイントアドバイス 「今日お金が全然ないんだ」は I'm clean broke today. とか I'm flat broke today.

10 困惑・やきもき

シーン 11　成功・激励

使えるイディオム 1　CD1 51

carrot and stick
飴と鞭

直訳すると
にんじんと杖（＝鞭）

類義語
the effective use of two different methods

なぜ？がわかるPoint! 好物のにんじんと嫌いな鞭を使って、馬をうまく走らせることができるという意味のイディオムです。

A How do you think we should deal with them during the negotiation?
B We could try the carrot and stick approach.

A 交渉の間彼らにどう対応したらいいと思う？
B 飴と鞭の手法でやってみよう。

ワンポイントアドバイス　stick の他の用例→ only a few sticks of furniture（ほんの2、3点の家具）

使えるイディオム 2　CD1 51

bring home the bacon
成功を収める

直訳すると
家にベーコンを持って帰る

類義語
become successful

なぜ？がわかるPoint! ベーコンを家にもって帰ることができるのは「家族を養える」ということ。家族を養うためには「仕事がうまく行く」、つまり「成功する」ことが重要だということになり、この表現が「成功する」を意味するようになりました。

A You really brought home the bacon this time.
B I worked hard last month.

A 君は今回大成功したね。
B 先月一生懸命働いたから。

ワンポイントアドバイス　似た表現に His business was crowned with great success.（彼の商売は偉大な成功を収めた）

使えるイディオム 3 CD1 52

with flying colors

大成功を収めて

直訳すると
ひるがえっている旗を持って

類義語
with great success

なぜ？がわかるPoint! colors に「旗」の意味、fly に「風にひるがえる」の意味があります。「ひるがえる旗を持っている」というのは、戦争で勝利を収めたときです。そこから、「大成功を収めていること」を意味するように一般化されました。

A **You passed the test with flying colors!**
B **It's because I studied hard.**

A 君は立派に合格したな！
B 一生懸命勉強したからね。

ワンポイントアドバイス　「降参する」は lower one's colors または haul down one's colors（旗を降ろす）を用いる。

使えるイディオム 4 CD1 52

right under one's nose

まさに目の前にある

直訳すると
ちょうど人の鼻の下に

類義語
very close to one

なぜ？がわかるPoint! 身近にあることを表すとき日本語では「目の前」と言いますが、英語では「鼻の下」になります。物理的な意味での「目の前で」は right before one's own eyes と言います。

A **I'm in love with my next door neighbor.**
B **So you finally found true love right under your nose.**

A 私は近所の人に恋をしているの。
B では、君はようやく身近なところで本当の愛を見つけたんだね。

ワンポイントアドバイス　「入試が目前に迫っている」は、The entrance exam is just around the corner.

11 成功・激励

使えるイディオム 5 CD1 53

not lift a finger
全く努力をしない

直訳すると
指一本を上げない

類義語
not make any effort

なぜ？がわかるPoint! 何か行動を起こすことを、指をちょっと上げることになぞらえているイディオムです。指一本すら上げないという状況は、全然努力しないことを意味します。「全く行動していない」「指一本触れていない」というニュアンスで使われることもあります。

A Did you turn the air conditioner off?
B No, I didn't lift a finger.

A クーラーを消した？
B いいえ、何もしてないわ。

ワンポイントアドバイス I found it difficult to lift a finger to do so. のように困難を示すときには肯定形でもOK。

使えるイディオム 6 CD1 53

The sky is the limit.
（成功が）留まるところを知らない

直訳すると
空が制限である。

類義語
There is no limit.

なぜ？がわかるPoint! 「空」とは無限を暗示します。「空が制限である」ということは、「無限が制限」ということになります。つまり、「留まるところを知らない」とか「上限がない」の意味になります。

A With that qualification, the sky is the limit for you.
B Thanks, I'll make full use of it.

A その資格があれば、可能性は無限だな。
B ありがとう。最大限に利用するよ。

ワンポイントアドバイス 「心配すればきりがないよ」と言いたいときは、There is no limit to our worries.

使えるイディオム 7 (CD1 54)

直訳すると
10割を打つ

類義語
make great success

bat a thousand

大成功する

なぜ？がわかるPoint! bat a thousand における a thousand とは野球の打率が10割のこと。これはありえない程すごいことですが、この表現で大成功や完璧な仕事を意味するのです。ちなみに打率が3割なら、0.300と書き、three hundred と読みます。

- **A** His sales figures are amazing!
- **B** He's been batting a thousand since he arrived.

- **A** 彼の売上高は見事だ！
- **B** 彼は来て以来完璧な仕事をしているよ！

ワンポイントアドバイス 打率が2割6分4厘なら He is hitting .264 this season. となり下線部は two sixty-four と読む。

使えるイディオム 8 (CD1 54)

直訳すると
（野球の）強打者

類義語
a powerful person

a heavy hitter

有力者、権力者

なぜ？がわかるPoint! heavy hitter は野球における「強打者」の意味です。ここからさらに意味が発展し、政治やビジネスにおいて「有力者」「権力者」「実力者」を表すようになりました。

- **A** Who should I get to know if I want a promotion?
- **B** Any of the heavy hitters would be a good choice.

- **A** 昇進したい場合は、誰と懇意になるべきかな？
- **B** 権力者なら誰でもいいんじゃない？

ワンポイントアドバイス heavy はマイナスイメージが多い。→ a heavy road（ぬかるんだ道）、heavy food（しつこい食べ物）

11 成功・激励

使えるイディオム 9 CD1 55

full of drive
やる気満々

直訳すると
動力に満ちている

類義語
really want to do something

なぜ？がわかるPoint! drive は「運転する」という表現の動詞としてよく知られています。名詞としては「動き」のもとである「力」という意味があります。これから派生して、「活力」「迫力」「推進力」「積極性」「動機」などの意味が含まれるようになりました。full of drive と言えば「やる気満々」がピッタリです。

A She's a great receptionist.
B I agree. She's full of drive.

A 彼女は素晴らしい受付係だね。
B 同感だよ。彼女はやる気満々だ。

ワンポイントアドバイス have a lot of drive でも OK。

使えるイディオム 10 CD1 55

come up in the world
出世する

直訳すると
世の中で上がって来る

類義語
succeed in life

なぜ？がわかるPoint! これは分かりやすいイディオムですね。「世の中に出てくる」は「出世する」という意味を含みます。漢字の「出世」も「世に出る」と書きますね。同じ発想です。rise in the world（世の中において登る）も「出世する」の意味を持ちます。

A You've come up in the world!
B It took hard work and determination to get here.

A 君、出世したね！
B ここまで辿り着くには重労働と決断力が必要だったよ。

ワンポイントアドバイス 反対の表現は、come down in the world（世の中で落ちる）で「落ち目になる」。

シーン 12　犯罪・悪事

使えるイディオム 1　CD1-56

直訳すると
絨毯の下に掃き入れる

類義語
not tell anybody about it

sweep ... under the rug

隠す、伏せる

なぜ？がわかるPoint! sweep under the rug は、ごみやチリを見られたくないと思い、絨毯 (rug) の下に掃き入れるような行為を意味します。そこから「隠す」の意味になりました。

A Don't worry about that error.
B Thanks for sweeping it under the rug.

A そんな間違い、気にするなよ。
B その件、(誰にも言わず、) 黙っていてくれてありがとう。

ワンポイントアドバイス carpet でも可。They swept the scandal under the carpet. (彼らはそのスキャンダルを隠した)

使えるイディオム 2　CD1-56

直訳すると
テーブルの下に

類義語
illegally

under the table

賄賂として

なぜ？がわかるPoint! 賄賂は通常、見えないところで渡します。その見えないところを、英語では under the table と表現します。アメリカでは under the counter も同様の意味で使われます。日本語では「袖の下」とかいう表現をすることがありますね。

A How were you able to make so much last year?
B I got paid a lot under the table.

A 去年、あなたはどうやってそんなにたくさん儲けたの？
B 賄賂をたくさん貰ったのさ。

ワンポイントアドバイス 「賄賂を贈る」という意味の動詞は bribe です。

11 成功・激励

12 犯罪・悪事

使えるイディオム 3 CD1 57

albatross around one's neck

一生付いて回る不名誉なこと（後悔の念）

直訳すると
首の周りのアホウドリ

類義語
remorse for something

なぜ？がわかるPoint! 英詩人コールリッジの詩にある、アホウドリを殺した老夫婦が、その懺悔(ざんげ)のために一生放浪の旅をするという話が起源です。around は round でも about でも OK です。

A **Ever since he was caught with seven mistresses, people view him negatively.**
B **It's tough to have that albatross around one's neck.**

A 彼が7人の愛人と一緒に捕まって以来、人は彼に否定的な見方をしている。
B 不名誉な経歴があると大変だね。

ワンポイントアドバイス アホウドリは大きな鳥なので首の周りにいると煩わしいということも意味の成立に一役買っています。

使えるイディオム 4 CD1 57

smell a rat

怪しい

直訳すると
ねずみのにおいがする

類義語
smell fishy

なぜ？がわかるPoint! ドブねずみ (rat) は、ペットとしてのねずみ (mouse) と違い、大きくて汚くて病気をまき散らすので嫌われ者です。だから「ドブねずみの匂いがする」という表現は、「何か怪しい」という意味、俗語の「くさいぞ」などに相当する表現です。

A **How did he find out about the surprise party?**
B **I'm not sure, but I smell a rat.**

A サプライズパーティのこと、彼はどうやって気付いたんだろう？
B 分からないけど、何か怪しい気がするんだ。

ワンポイントアドバイス 「胡散(うさん)臭い話だ」は That's a fishy story. となり fishy（魚くさい）を用います。

使えるイディオム 5 CD1 58

put one's foot in it
どじを踏む、口を滑らせる

直訳すると
その中に自分の足を入れる

類義語
do or say something by mistake

なぜ？がわかるPoint! 足を問題 (it) の中に踏み入れてしまった状況は、まさに、ドジを踏む感じを想像させます。ちなみに put one's foot <u>on</u> it と言えばアクセルを踏んでいる意味を持ち、口語で「車のスピードを上げる」を表します。

A I sent my coworker a rude email by mistake.
B You really put your foot in it again!

A 同僚に間違って失礼なメールを送ってしまってね。
B また、ドジを踏んだね。

ワンポイントアドバイス 俗語で一風変わった make a boo-boo も同じ意味です。

使えるイディオム 6 CD1 58

be caught with one's hand in the cookie jar
不正行為のために捕まる

直訳すると
片手がクッキーのジャーに突っ込んでいる状態で捕まる

類義語
be caught due to an illegal act

なぜ？がわかるPoint! 不正行為で捕まることを「クッキーを入れたジャーに半分手を突っ込んでいる状態（盗もうとしている状態）で捕えられる」というやや滑稽な言い回しで表現しています。

A Why were you let go?
B I was dating the executive's son and was caught with my hand in the cookie jar.

A 君はなぜ首になったの？
B 重役の息子とデートをしていて現場を押さえられたのよ。

ワンポイントアドバイス 「制限速度30キロ超で捕まった」は I got caught going 30 kilometers over the speed limit.

12
犯罪・悪事

使えるイディオム 7 CD1 59

let the cat out of the bag

秘密をばらす

直訳すると 袋から猫を出す

類義語 expose a secret

なぜ？がわかるPoint! 生まれたばかりの豚だと騙して袋に詰めた猫を売ったペテン師の話が発端で、このイディオムが成立しています。その袋詰めの猫が、袋から飛び出ると、秘密がばれたことになりますね。だからこのイディオムは「秘密をばらす」という意味を持つのです。

A Oops! I let the cat out of the bag.
B Do you always give up your secrets so easily?

A しまった！　秘密をばらしてしまった。
B あなたはいつもそんなに簡単に秘密を明かすの？

ワンポイントアドバイス　「お前がやったことをばらすぞ」という表現は I'll let out what you've done.

make a fast buck
やすやすと儲ける

直訳すると
速いドルを作る

類義語
make much money quickly

12 犯罪・悪事

なぜ？がわかるPoint! buckは口語で「ドル」のことです。fast buck（速いドル）とは速く儲かるドルのことで、日本語の「あぶく銭」に当たります。だからmake a fast buckで「不正手段で簡単に儲ける」を意味します。

A **Know any ways to make a fast buck?**
B **Sure, you should clean windshields at traffic lights.**

A てっとり早くお金を儲ける方法を知ってる？
B もちろん。信号待ちの車のフロントガラスを拭けばいいんだよ。

ワンポイントアドバイス 公正な取引で稼ぐ場合は They made a large profit on the deal.（彼らはその取引で大金を得た）など。

使えるイディオム 9 CD1-60

put the finger on
(犯人などを) 密告する

直訳すると
ある人に指をつける

類義語
inform (the police) against

なぜ?がわかるPoint! 「犯人はね…」と言って、その人の写真に指をさすところを想像してください。まさに密告している感じですね。

A How was the robber apprehended so quickly?
B His neighbor put the finger on him.

A その泥棒はなぜそんなに早く捕まったの？
B 彼の隣人が密告したんだ。

ワンポイントアドバイス よく似た表現に I cannot put my finger on it. (私はそれがなんだか断定できない) があります。

使えるイディオム 10 CD1-60

play both ends against the middle
漁夫の利を占める

直訳すると
中央に反対する両端と対戦する

類義語
be the one who can get something good

なぜ?がわかるPoint! 真ん中を取る意見は、賛成意見からも反対意見からもぶつかります。そんな自分が中央にいて両方の意見に対して戦い、勝利した場合は2つに同時に勝った感じがしますね。対立する両者を戦わせるという意味にもなります。

A What's the best strategy for dealing with our competitors?
B I'd say step back and let them wear each other out. In this way we can play both ends against the middle.

A 競合会社に対応する最善の対策はなんだろう？
B 一歩退いて、互いに疲れさせよう。そうしたら漁夫の利を占めることができるね。

ワンポイントアドバイス 「喧嘩する」「口論する」という意味でよく使う一般的な動詞は quarrel です。

シーン13　やりくり・四苦八苦

使えるイディオム 1　CD1-61

live from hand to mouth

その日暮らしをする

直訳すると
手から口への生活をする

類義語
live with very little

なぜ？がわかるPoint! 手 (hand) は「手に入れるもの」（＝金）を暗示し、口 (mouth) は「口に入れるもの」（＝食べ物）を暗示します。だから、「手から口へ生活する」(live from hand to mouth) とは、儲けた金で食べ物を買って食べるだけの生活、つまり、その日暮らしをするということになるのです。

A Why don't you try saving some money?
B I can't. I always live from hand to mouth.

A 貯金をしてみたら？
B できないんだ。いつもその日暮らしをしているから。

ワンポイントアドバイス　「彼女は貧乏神に取り付かれている」は She is poverty-stricken、She is in reduced circumstances.

使えるイディオム 2　CD1-61

get the short end of the stick

不当な扱いを受ける

直訳すると
ステッキの短い端をつかむ

類義語
be treated unfairly

なぜ？がわかるPoint! 棒に荷物を下げて2人で運ぶとき、荷物から近い端（the short end of the stick）を持つと重いですね。そこから「貧乏くじを引く」、そして「不当な扱いを受ける」という意味が出たという説があります。よく似た get the wrong end of the stick は「勘違いする」の意味。

A I really got the short end of the stick this time.
B Why do you say that? Would you be more specific?

A ぼくは今回本当に不当な扱いを受けたんだ。
B なぜそんなこと言うの？　具体的に何をされたの？

ワンポイントアドバイス　short の代わりに dirty や shitty（[卑] ウンチまみれ）も可能。でもあまり使わないほうがよいでしょう。

使えるイディオム 3 CD1 62

spit in the wind
時間を浪費する

直訳すると
風の中で（に）唾を吐く

類義語
waste one's time

なぜ？がわかるPoint! 風の中で唾を吐いても、何も得られないことから、「無駄なことをする」、そして、「時間を浪費する」というイディオムができました。通常は進行形で用います。

A I think I can swim to Hawaii from Japan.
B Hah! You're spitting in the wind.

A ぼくは日本からハワイまで泳いで行けると思うんだ。
B ほう！　時間を浪費することになるよ。

ワンポイントアドバイス　「お金を浪費する」は英語で spend money like water と表現できます。

使えるイディオム 4 CD1 62

bread and butter
生活の糧

直訳すると
バター付きのパン

類義語
something to depend on in life

なぜ？がわかるPoint! 「バターつきのパン」は bread and butter と言います。これが「食べ物を生み出すもと」、つまり「生活の糧」や「仕事」の意味を持つようになりました。

A His curveball is among the best of all pitchers.
B That's his bread and butter.

A 彼のカーブはあらゆるピッチャーの中でも一番いいよ。
B それは彼の本業だからな。

ワンポイントアドバイス　「アパレル業を生業としています」は Apparel is my bread and butter.

使えるイディオム 5 CD1 63

be snowed under
忙殺される

直訳すると 雪で覆われれる
類義語 be awfully busy

なぜ？がわかるPoint! snow は他動詞用法の snow ... under の形で「…を雪で覆う」の意味を含みます。これは受身で用いられます。この受身の形 be snowed under が、人主語になり、「人が圧倒される」そして「人が非常に忙しい」の意味に展開しました。

A I'm snowed under in work here; could you help me out?
B Sure, I'll lend you a hand.

A 仕事に追われて大変だから手伝ってくれない？
B もちろん、手伝うよ。

ワンポイントアドバイス The car was snowed under by drifts. と言えば「その車は雪の吹き溜まりに埋もれてしまった」。

使えるイディオム 6 CD1 63

busy as a bee
非常に忙しい

直訳すると ミツバチのように忙しい
類義語 be very busy

なぜ？がわかるPoint! ミツバチはせっせと働いているイメージがあります。「ミツバチのように忙しい」（busy as a bee）で、「非常に忙しい」を意味するイディオムになりました。

A The professor is always busy as a bee.
B Yeah, I'm not sure how he finds time to sleep.

A その教授はいつも大忙しだね。
B ああ。彼はどうやって寝る時間を見つけているんだろう。

ワンポイントアドバイス ダムを作ろうとせっせと働く beaver でも。I am busy as a beaver.（目が回るほど忙しい）

13 やりくり・四苦八苦

使えるイディオム 7 　CD1-64

for the birds
つまらない

直訳すると
小鳥たちのための

類義語
something trifling

なぜ？がわかるPoint! 「人間の食事の食べかすは商品としての価値がない。小鳥のためのものだ！（＝小鳥なら食べるかもしれないもの）」という発想です。「小鳥にあげる程度のもの」から「つまらないもの」の意味が出てきました。

A How was last week's seminar?
B It was for the birds.

A 先週のセミナーはどうだった？
B つまらなかったよ。

ワンポイントアドバイス 別の口語で→ The seminar was a real bore.（そのセミナーは全くつまらなかった）

使えるイディオム 8 　CD1-64

keep one's nose to the grindstone
せっせと働く

直訳すると
鼻を石臼(いしうす)に近づけておく

類義語
be a diligent worker, hardworking

なぜ？がわかるPoint! 昔、製粉業者が、粉を挽く石臼(いしうす)（grindstone）が焦げていないかをチェックするために、じっと石臼に鼻を近づけていました。ちゃんと見ていないと石臼が加熱するからです。それが「せっせと働いている」というイメージを生み出し、イディオムが成立しました。

A We have to manufacture ten more pieces before today's deadline.
B Well then let's keep our noses to the grindstone and get it finished.

A 今日の締め切りまでにさらに10個作らなければ。
B じゃあ、せっせと働いて終わらせよう。

ワンポイントアドバイス 「せっせと通う」は make frequent trips → She made frequent trips to a library.

使えるイディオム 9　CD1 65

out to lunch
心ここにあらず

直訳すると
ランチに出て

類義語
absent-minded

なぜ？がわかるPoint! もともと「昼食に出ている」を表していましたが、「体は仕事場にいるけれども、心は昼食の場所にいる」という状況を示すようになり、「心ここにあらず」「ぼんやりとして」を意味するようになりました。

A I didn't understand one thing he said during that lecture.
B He's out to lunch.

A あの講義の間に彼が言ったことは理解できなかったんだ。
B 彼はぼんやりしているのね。

ワンポイントアドバイス　今朝は睡眠不足で頭がぼんやり → I cannot think clearly this morning for lack of sleep.

使えるイディオム 10　CD1 65

bet on the wrong horse
予想を間違える

直訳すると
間違った馬に賭ける

類義語
support a losing candidate

なぜ？がわかるPoint!「間違った馬に賭ける」には「予想を間違えている」という意味が暗示されます。競馬のみならず、幅広い場において使われるようになったイディオムです。

A You will be betting on the wrong horse if you think John will win the game.
B Why? I'm 200% sure he is in fact stronger than any other guy in this city.

A ジョンが試合に勝つとでも思っているなら、それは見当違いだよ。
B なぜ？　彼は実際、この町で一番強いんだよ。200％そう思っているよ。

ワンポイントアドバイス　betはbet＋人＋金＋that ...（…だと人に金を賭ける）の用法があり、3つも目的語がとれる珍しい動詞。

13　やりくり・四苦八苦

TIPS 西洋は足の文化、日本は手の文化

　世界の文化を足の文化と手の文化に大別する考え方があります。前者は、狩猟から遊牧・牧畜・通商へと流れる足を重視する文化、後者は、採集から農耕・工業へと発展する手を重視する文化です。遊牧や通商は移動がキーワードなので「足」が重視されてます。他方、農耕や工業（ものづくり）は手作業が基本なので「手」の文化と言えるわけですね。

　さて、この見方によると、西洋は「足」の文化に属し、日本は「手」の文化に属します。そのため、英語では「foot（足）」を使った表現はプラスイメージをもつものが多く、逆に日本語では「足」は一般的にマイナスイメージをもちます。

　イディオムの世界から具体例を一部あげておきましょう。

fall on one's feet（自分の足で着地する）→ 運が上向く、うまく窮地を逃れる
find one's feet（自分の足を見つける）→ 自信がつく、腕を上げる、本領を発揮する
get a foot in the door of ...（…のドアに足を得る）→ …にうまくもぐりこむ
have a big foot（大きな足を持っている）→ 重要な地位を占める、影響力が大きい
have one's feet on the ground（自分の足を地につける）→ 実際的である
have one's feet under one（自分の下に自分の足を持つ）→ 自立する

　一方、日本語の「足」の表現は、「足がつく」（**be traced**）、「足が出る」（**go over one's budget**）、「足が早い（腐りやすい）」（**spoil easily**）、「足を洗う（辞める）」（**wash one's hands**）、「足を引っ張る」（**be frustrated**）、「二の足を踏む」（**hesitate to do**）など、マイナスイメージが目立ちます。

　また、日本語で「手」を用いた表現が多いのに対し、その表現の英訳に「手」（**hand**）がほとんど用いられません。少し例をあげてみましょう。

手紙→ **letter**　切手→ **stamp**　為替手形→ **bill**　約束手形→ **note**
手品→ **magic**　手塩→ **great care**　相手→ **the other party**　痛手→ **a heavy blow**
歌手→ **singer**　上手→ **be good at ...**　手軽→ **easy**　手っ取り早い→ **prompt**

第 2 部
テーマで覚える重要表現

第2部は「数」「色」「体」「食べ物」「家具」などイディオムに使われている単語によって類別されています。中学レベルのやさしい単語が魔法をかけたかのように新しい意味として社会に溶け込むイディオムの醍醐味を味わいましょう。

テーマ1　数

使えるイディオム 1　CD2-01

on all fours
四つんばいになって

直訳すると　全ての4つの上に

類義語　on hands and knees

なぜ？がわかるPoint!　on は接触を表し、four は手足の合計4つを表すので、手足を直接地につける四つんばいをイメージします。これと同じタイプの on を用いた表現に stand on one's hands（逆立ちする）があります。

A How were you able to get that promotion?
B I got on all fours and asked for it!

A そんな昇格、君はどんな手を使ったの？
B 四つんばいになってね。頼み込んだんだよ！

ワンポイントアドバイス　four を用いたイディオムに scatter ... to the four winds があり、「四方八方に…を撒き散らす」。

使えるイディオム 2　CD2-01

in seventh heaven
有頂天になって

直訳すると　第7天にいる

類義語　on top of the world

なぜ？がわかるPoint!　第7天国はユダヤ人が考えた神と天使たちが住む最上天のこと。天は喜びの世界というイメージは世界共通ですが、第7天は最高天だから、最もうれしい状態を表します。日本語でも「有頂天」というので発想はほぼ共通していますね。

A My daughter was in seventh heaven at the amusement park yesterday.
B She really enjoyed it, huh?

A うちの娘、昨日遊園地で有頂天になっていたよ。
B 本当に楽しかったんだね？

ワンポイントアドバイス　第9番目の雲が最も高いという説があるので on cloud nine も同じ意味です。

使えるイディオム 3 CD2-02

behind the eight ball

不利な状態に

直訳すると
8のボールの後ろに

類義語
be at a disadvantage

なぜ？がわかるPoint! ビリヤード由来の表現。先にポケットに落とすべきボールが8番ボールの後ろに回ると、それを落とすのが難しくなることから、窮地に立たされている状態を behind the eight ball で言い表すようになりました。

A You really ought to tell your boss the truth about your mistake before you get behind the eight ball.
B You're right. I want to fix this problem as soon as possible.

A 君の間違いの真相を上司に言わなきゃだめだよ。でないと不利なことになるよ！
B 君の言うとおりだ。できるだけ早くこの問題を解決したいからね。

ワンポイントアドバイス 「窮地に立たされた」というのを I was caught in a dilemma. とも言えます。

使えるイディオム 4 CD2-02

put two and two together

あれこれ総合して推論する

直訳すると
2と2を合わせる

類義語
infer comprehensibly

なぜ？がわかるPoint! 「2と2を合わせる」というのが、あれこれ考えることを意味しています。英語圏では一般に数字が好まれます。その中で「数字を足し算することは考えることに似ている」という発想があります。

A I just put two and two together and realized you were the one sending me flowers every day.
B Ha! It took you a long time to catch on, didn't it?

A あれこれ考え合わせて、あなたが毎日私に花を送ってくれていたんだと気付いたの。
B おや！ 気付くのに随分時間がかかったね？

ワンポイントアドバイス I didn't catch on to the meaning of her remark.(彼女の発言の意味が分からなかった)

使えるイディオム 5　CD2 03

kill two birds with one stone

一石二鳥である

直訳すると
1つの石で2羽の鳥を殺す

類義語
doubly profitable

なぜ？がわかるPoint! 西洋社会は元来狩猟社会が中心で、狩りのとき1つの石で2羽の鳥を打ち落とせたら2重に得したことになりますね。そこから1つの行為で2ついいことがある場合に、この表現を用いるようになりました。

A During my business trip, I was able to meet her family and found some new customers in their neighborhood.
B Hey! Way to kill two birds with one stone!

A 出張中、私は彼女の家族と会えて、しかも近所で新しい顧客を見つけることもできたんだ。
B へえ！　一石二鳥の方法だね！

ワンポイントアドバイス　「それは何重にも得だよ」はジョーク的に It will kill many birds with one stone.

使えるイディオム 6　CD2 03

look out for number one

自分を大切にする

直訳すると
第1のものを探し出す

類義語
take care of yourself first

なぜ？がわかるPoint! 英語で「私は」はIだけですね。会話でも文章でもIが頻出します。それだけ英語圏では自分自身を重視します。だから英語のnumber one(いちばん大切なもの)とは自分自身のことです。

A If you had any advice for me regarding my new position, what would it be?
B Always look out for number one.

A 私の新しいポジションについて何かアドバイスをくれるとしたら、何かな？
B いつも自分のことを考えて。

ワンポイントアドバイス　「おしっこ」を俗語で number one と言うこともあります。

使えるイディオム 7 CD2-04

two's company, three's a crowd
2人は仲間、3人は人ごみ

直訳すると
2人は会社、3人は群衆

類義語
Two is the best.

なぜ？がわかるPoint! コミュニケーションは2人が基本であって、3人となると何かと厄介だという発想があります。コミュニケーションを重視する英語圏ならではの考え方ですね。companyに「仲間」「つきあい」の意味があることに注意。なお、a crowdの代わりにnoneとしてもOK。

A Do you think we should invite Susan to the cabin as well?
B Are you sure? Two's company, three's a crowd.

A スーザンも客室に招待してあげるべきかな？
B 本気なの？ 2人ならいい仲間、3人なら仲間割れよ。

ワンポイントアドバイス Too many cooks spoil the broth（船頭多くして船山に登る←多すぎるコックはスープを台無しにする）

使えるイディオム 8 CD2-04

a dime a dozen
ありふれていること

直訳すると
1ダース10セント

類義語
quite common

なぜ？がわかるPoint! a dimeは「10セント硬貨」で、a dozenとは「1ダースにつき」の意味。1ダースにつき10セントは安い、つまり、手に入れやすいという発想です。そこから「ありふれていること」の意味になりました。

A Was it hard to find labor for the new factory abroad?
B Not at all, cheap labor is a dime a dozen over there.

A 海外の新しい工場で仕事を見つけるのは難しかった？
B いいえ全く。向こうでは低賃金労働ならどこにでもあるから。

ワンポイントアドバイス 「ありふれた」は英国口語でcommon-or-garden、やや軽蔑的表現でrun-of-the-millなど。

1 数

使えるイディオム 9 CD2-05

deep-six
捨てる、処分する

直訳すると
6の深さに沈める

類義語
abandon

なぜ？がわかるPoint! 水葬の際、遺体を6尋(fathom = 6 feet)、すなわち36フィート(約10メートル)の深さに沈める習慣から、deep-sixという動詞ができました。そこから「捨てる」という意味が派生しました。このイディオムは、墓石の標準サイズが6フィートであることからできたという説もあります。

A How did your proposal go?
B Terrible, the whole thing was deep-sixed.

A あなたの提案はどうだった？
B 最悪だよ。全て却下されたよ。

ワンポイントアドバイス 訴訟などを却下するのに dismiss、控訴などを却下するのに reject が用いられます。

使えるイディオム 10 CD2-05

at the eleventh hour
土壇場

直訳すると
11番目の時間

類義語
at the last moment

なぜ？がわかるPoint! キリスト教の聖書「マタイによる福音書第20章(Matthew 20)」に、1日の非常に遅い時間とされる11番目の時間(午後5時とされています)に仕事を与えられた人の話があります。このことから「土壇場」の意味に発展しました。

A I can't believe Mike is behind schedule again!
B Don't worry; he usually turns in his work at the eleventh hour.

A マイクがまた予定より遅れているなんて信じられないわ！
B 心配ないよ。彼はいつも土壇場になって仕事を提出するから。

ワンポイントアドバイス 「土壇場に追い込まれた」は I was driven into a corner. という表現が使えます。

テーマ2 色

使えるイディオム 1 CD2-06

直訳すると
嫉妬で緑になって

類義語
quite jealous

green with envy
嫉妬心に燃えて

なぜ？がわかるPoint! green は「青ざめた」の意味で、green with envy とは「青ざめるほど嫉妬した」と発想します。シェイクスピアの『オセロ』に出てくる green-eyed monster（緑の目の怪物）は嫉妬のこと。ここから green は嫉妬のイメージになりました。

A Come over here and take a look at my trophy wife.
B You're going to make me green with envy!

A こっちに来て、ぼくの箔つけワイフを見てごらん。
B 君はぼくをうらやましがらせようとしているんだな！

ワンポイントアドバイス 社会的地位を誇示するために迎えた若くて美しい妻のことを trophy wife という。

使えるイディオム 2 CD2-06

直訳すると
赤い手で人を捕まえる

類義語
arrest ... in the act of

catch someone red-handed
現行犯で逮捕する

なぜ？がわかるPoint! 犯罪現場からは「血に染まった手」が連想されますね。ここから犯罪について red-handed という表現が使われ始めました。red 自体に「禁止」や「怪しいこと」のイメージもあり、リアルな表現として定着しました。

A I have been watching the cookie jar all day.
B You want to catch the thief red-handed, huh?

A ぼく一日中クッキーのつぼを見張っているの。
B 泥棒を現行犯で捕まえたいのね？

ワンポイントアドバイス 他に red を使った注意すべき表現として、see red（非常に怒る）。

1 数
2 色

使えるイディオム 3 CD2-07

brown-nose
へつらう

直訳すると
「茶色の鼻」をする

類義語
flatter

なぜ？がわかるPoint! お尻にキスをして鼻がウンチで茶色になるという極端な想像から、「へつらう」という意味ができあがりました。

A Man, that guy keeps getting all the best jobs.
B Yeah, he sure likes to brown-nose.

A ねえ、あの男いい仕事ばっかり独占してるじゃない。
B ええ。あの人確かにへつらうのが好きなのね。

ワンポイントアドバイス やや下品な「ご機嫌取り」は他に ass-kisser（お尻にキスする人）など。(P. 49 参照)

使えるイディオム 4 CD2-07

in the pink
元気でぴんぴんしている

直訳すると
ピンクの中に

類義語
in high spirits

なぜ？がわかるPoint! ピンク色は赤ちゃんの肌の色を連想させます。そのため、この色は若さや健康を表すようになりました。in the pink of health や in the pink of condition とも表現できます。

A Have you been feeling better after that illness two weeks ago?
B Yes, I've been in the pink for the last couple weeks.

A 2週間前の病気から良くなった？
B うん。この数週間とても元気だよ。

ワンポイントアドバイス 「元気いっぱい」は他に、full of vitality、full of energy、full of pep など。

使えるイディオム 5　CD2 08

out of the blue

藪（やぶ）から棒に、急に

直訳すると
青から出て

類義語
suddenly and unexpectedly

なぜ？がわかるPoint! 19世紀のイギリスの評論家で歴史家のトーマス・カーライルの『フランス革命 第3巻』の一節に a bolt out of the blue（青天の霹靂（へきれき））という記述があり、blue は青空、bolt は稲妻のことを示し、これが起源で、out of the blue が「急に」の意味になりました。

A Last night over dinner she told me she wants to stop dating me.
B What? Just out of the blue like that?

A 昨日の夕食をしながら彼女はぼくに付き合うのをやめたいと言ったんだ。
B 何ですって？　突然そんな風に？

ワンポイントアドバイス What are you bringing that up out of the blue for?（藪から棒に何を言い出すの？）

使えるイディオム 6　CD2 08

not so black as one is painted

噂されているほど悪くない

直訳すると
塗られているほど黒くない

類義語
not so bad as one is rumored

なぜ？がわかるPoint!「描かれるほど黒くはない」が比喩的に発展して「噂されるほど悪くはない」の意味になりました。欧米では一般に色の black には悪魔のイメージがあり、悪いことを連想させます。

A What do think of the woman running for Vice President?
B Surely she's not so black as she is painted.

A 副大統領に立候補している女性をどう思う？
B きっと噂されているほど悪くないと思うよ。

ワンポイントアドバイス black には「怒り」のイメージもあり、in a black mood と言えば「大いに腹が立って」の意味。

使えるイディオム 7 CD2-09

gray matter
頭脳

直訳すると 灰色の物質
類義語 brain

なぜ？がわかるPoint! 脳には灰色のイメージがあり、gray matter（または grey matter）とは脳のこと。ここに知力の意味も含まれるようになりました。なお、gray はアメリカ式の綴りで grey は英国式。ちなみに gray cells（= brain cells）は脳細胞の意味。

A I give up. I can't figure out a solution for this problem.
B Use some gray matter and you're sure to think of something.

A お手上げよ。この問題の解決法を見いだせないよ。
B 頭を使えばきっと君なら何か考え付くと思うよ。

ワンポイントアドバイス　「知恵を絞る」は beat one's brains（脳を殴る）、cudgel one's brains（脳を棍棒で打つ）など。

使えるイディオム 8 CD2-09

whiter than white
清廉潔白な、虫も殺さぬような

直訳すると 白より白い
類義語 absolutely honest

なぜ？がわかるPoint! white のイメージは「罪がないこと」です。白は、西洋で特に好まれる「誠実さ」（honesty）の象徴です。だから、半ジョーク的な whiter than white（白よりもっと白い）はこの意味が強調されます。

A I never expected the singer to be involved in such a scandal.
B She always seemed whiter than white.

A その歌手がそんなスキャンダルに関わっていたとは思いもしなかったよ。
B 彼女はいつも清廉潔白のように思えていたのに。

ワンポイントアドバイス　「清廉潔白な人」は a man of great integrity や a man of complete integrity など。

使えるイディオム **9** CD2-10

直訳すると
紫の中で生まれる

類義語
born into a noble family

born in the purple

高貴の生まれである

なぜ？がわかるPoint! 昔、王侯貴族が身にまとったとされる紫の衣は the purple と言われました。そこから born in the purple は「高貴な生まれ」の意味になりました。

A **It must be nice to be like him, born in the purple.**
B **Yeah, he's a privileged individual alright.**

A 彼のように高貴な生まれだったらいいのになあ。
B ああ。彼は確かに恵まれているよな。

ワンポイントアドバイス born in the purple は born to the purple とも言います。

使えるイディオム **10** CD2-10

直訳すると
腹が黄色い人

類義語
coward

yellowbelly

（卑劣な）臆病者

なぜ？がわかるPoint! 日本語では「腹黒い人」という表現がありますが、英語では「腹黄色い人」（yellowbelly）という表現があります。yellow は「臆病」や「卑怯」のイメージを持っているのです。

A **Don't run away after hitting me like that! Come back here, you rotten yellowbelly!**
B **Catch me if you can!**

A そんな風に私を叩いて逃げるなよ！ この卑劣な臆病者、こっちへ来なさい！
B 捕まえられるものなら捕まえてみな！

ワンポイントアドバイス yellow dog（黄色い犬）は「下劣な人、裏切り者」の意味。

2 色

テーマ3 体

使えるイディオム 1 CD2 11

keep one's fingers crossed

祈る

直訳すると
指をクロスさせ続ける

類義語
pray

なぜ？がわかるPoint! 中指を曲げて人差し指に重ねる（cross one's fingers）という仕草は、厄除けや幸運祈願のためにします。ここから keep one's fingers crossed が「祈る」を意味するようになりました。

A I hope the Tigers win next year!
B We'll have to keep our fingers crossed!

A 来年はタイガースが勝って欲しいわ。
B そう祈らないとね！

ワンポイントアドバイス finger でもう一つ。→ burn one's fingers（ひどい目に遭う）

使えるイディオム 2 CD2 11

put one's finger on

断定する

直訳すると
…に自分の指を置く

類義語
perfectly understand

なぜ？がわかるPoint! 直訳すると「自分の指を…にきちんと置く」。それも on のイメージから「…に押し付ける」感じが出て、「これだ！」と断定する意味、問題点などを「ずばりと」言い当てる意味が出ます。

A Why do you look so frustrated?
B Something was wrong with Matt today, but I just can't put my finger on it.

A なんでそんなにイライラした顔しているの？
B 今日のマットはどうかしていたんだが、それが何かははっきり分からないんだ。

ワンポイントアドバイス Bにおける it は something を受け、it に指が置けないは、it が何か分からないことを暗示する。

使えるイディオム **3** CD2 12

pay an arm and a leg
法外な値段である

直訳すると
1つの腕と1つの足を支払う

類義語
buy ... at an exorbitant price

なぜ？がわかるPoint! 「自分の体の一部を支払ってまで物を買う」というイメージは、「法外な値段を払う」という感じがします。「目玉が飛び出るほど高い」と日本語では表現しますが、「手足を犠牲にする」というのが英語的な表現です。

A That's a pretty impressive PC you have!
B I had to pay an arm and a leg for it, though.

A あなたが持っているのはなかなか見事なPCね！
B 有り金をはたかなければならなかったけどね。

ワンポイントアドバイス 商品を主語にすると cost an arm and a leg (腕1本と足1本の費用がかかる) となります。

使えるイディオム **4** CD2 12

get cold feet
怖気(おじけ)づく

直訳すると
冷たい足を得る

類義語
lose one's nerve

なぜ？がわかるPoint! 足が冷たくなって動かないというイメージが「怖気(おじけ)づく」という意味を生み出しました。このイディオムを知らない人が get cold feet を聞いたら「冷え性」を意味すると思いがちですが、「私は冷え性だ」は I'm too sensitive to the cold (寒さを感じすぎ) または I have poor blood circulation (血行が悪い) となります。

A I feel nervous about my interview tomorrow. I may cancel.
B Now's not the time to get cold feet. Relax!

A 明日の面接緊張するな。キャンセルするかも。
B 怖気づいてる場合じゃないわ。リラックスして！

ワンポイントアドバイス have cold feet とも言います。

使えるイディオム 5 CD2-13

out of hand
手に負えなくて

直訳すると
手から出て

類義語
out of control

なぜ？がわかるPoint! 日本語でも「手に負えない」という表現があるように、手というのは日英ともに「何かをコントロールする力」を象徴します。しかし、日本語では「手に持てない（←手に負えない）」と発想するのに対し、英語では「（何かが）手から出て行く」と発想します。

A **The children angrily protested and attacked the clown at the party.**
B **That party really got out of hand, didn't it?**

A 子供たちはパーティーで怒って抗議して道化師に攻撃したの。
B そのパーティーは本当に手がつけられない状態になったんだね？

ワンポイントアドバイス 「手に負えない」を意味する形容詞は spoiled、unmanageable、uncontrollable など。

使えるイディオム 6 CD2-13

get someone's back up
怒らせる

直訳すると
人の背中を上げる

類義語
make someone angry

なぜ？がわかるPoint! 猫は怒ると背中を上げることから、get や set を使って get (set) someone's back up という「怒らせる」を意味するイディオムができました。

A **Oops. I should not have told her I think she looks fat.**
B **You really got her back up.**

A しまった。彼女が太って見えると思うなんて言うんじゃなかった。
B 君は本当に彼女を怒らせてしまったね。

ワンポイントアドバイス このイディオムの動詞は get、put、set どれでも OK。

使えるイディオム 7 CD2-14

give someone a shoulder to cry on 慰める

直訳すると 泣くための肩を与える

類義語 comfort

なぜ？がわかるPoint！ cry on someone's shoulder（人の肩を借りて泣く）から派生して、そのような肩を人に与えるという表現 give someone a shoulder to cry on ができました。「人を慰める、人の悩みを聞く」という意味です。

A Thanks for giving me a shoulder to cry on yesterday.
B No worries, I'm here for you if you ever feel the need to complain about your husband again.

A 昨日は悩みを聞いてくれてありがとう。
B 気にすることない。旦那のことで不平を言いたくなったら、また相談に乗るさ。

ワンポイントアドバイス cry on someone's shoulder、現在では「(慰めを求めて)人に悩みを打ち明ける」の意味。

使えるイディオム 8 CD2-14

cross one's heart

嘘は言わない、嘘でないと誓う

直訳すると 心臓に十字を切る

類義語 swear、vow、pledge

なぜ？がわかるPoint！ cross oneself（自分自身を交差する）とは「(キリスト教で祈りのための)十字を切る」の意味ですが、これに似た cross one's heart という表現があります。これは「自分の胸の前で十字を切る」が元来の意味で、これが、「誓う」という意味も含むようになりました。

A You saw an alien on your balcony last night? You must've been dreaming.
B No, I saw it. Cross my heart!

A 昨夜バルコニーで宇宙人を見たって？ 夢を見ていたに違いないよ。
B いいえ、私見たの。嘘は言わないわ！

ワンポイントアドバイス Cross one's heart and hope to die. とも言えます。「間違ってたら首をやるよ」のニュアンス。

使えるイディオム 9 　CD2-15

eat one's heart out

思い悩む

直訳すると
心を食べる

類義語
worry

なぜ？がわかるPoint! 心が大きくなると楽しい、小さくなると悲しいという感じがしますね。心が小さくなり悲しくなる状況を「心を食べる」で表現し、このイディオムができました。そして「思い悩む」の意味になりました。

A That pasta looks delicious. But I'm fine with just this salad.
B Eat your heart out then. Your loss!

A そのパスタおいしそうね。でも私はこのサラダだけでいいわ。
B うらやましいでしょ。後で後悔しても知らないよ！

ワンポイントアドバイス 悲しみなさい→思い悩みなさい→ジェラシーを感じなさい→うらやましいでしょ、になります。

使えるイディオム 10 　CD2-15

feel it in one's bones

予感がする

直訳すると
骨の中でそれを感じる

類義語
have a presentiment

なぜ？がわかるPoint! 「骨身にしみる」（＝強く感じる）という日本語がありますね。英語の世界では、骨は第6感で何かを感じさせるものとして捉えられています。おそらく関節炎などが雨の前に起こることも関係しているのでしょう。

A You don't want to enter that abandoned building? Why not?
B I can feel it in my bones. Something bad will happen if we enter.

A あの廃墟に入りたくないって？　どうして？
B もし入ったら何か悪いことが起こる予感がするから。

ワンポイントアドバイス 口語で「…という予感がする」は have a hunch that … と言えます。

使えるイディオム 11 　CD2-16

have the cheek to

厚かましくも（…する）

直訳すると
…する頬を持つ

類義語
be impudent enough to

なぜ？がわかるPoint! 日本語ではやや乱暴な言い方で「面を貸せ」などと使われますが、英語では偉そうな態度を表すときは cheek（頬）を使います。英国の口語では、面そのもの（face）を使います。厚かましくも…するは have the cheek to do…や have the face to do…で表現できるのです。

A I can't believe he had the cheek to say my cooking tasted horrible.
B He said that? That's pretty rude.

A 彼は偉そうに、私の料理がひどい味がするって言ったのよ。もう信じられないわ。
B 彼がそんなことを言ったの？　それはかなり失礼だね。

ワンポイントアドバイス have the ～ to do の形式で、～のところに front（前）、nerve（神経）、gall（胆嚢）を入れても同じ意味。

使えるイディオム 12 　CD2-16

have a sweet tooth

甘党である

直訳すると
甘い歯を持つ

類義語
like eating sweet things

なぜ？がわかるPoint! 歯が甘いが「甘党」を表すイディオムです。have a huge（巨大な）sweet tooth はその強調形です。なお、下の会話例で、candy bar はチョコレートを指しています。

A Why do you always buy a candy bar every time you pass a convenience store?
B I've always had a sweet tooth so I can't resist it.

A コンビニを通るたびになぜチョコバーを買うの？
B 私は甘党だから我慢できないのよ。

ワンポイントアドバイス 「2人とも甘党だ」でも複数形にならず、Both of us have a sweet tooth. でOK。

使えるイディオム 13 CD2 17

be all ears
しっかり聞く

直訳すると
全て耳である

類義語
listen carefully

なぜ？がわかるPoint! 「しっかり聞く」ことを日本語では「耳をそばだてる」と言いますね。英語では「全身が耳」と表現します。なお、be all eyes（全身が目）は「目を皿にする」の意味。

A I finally found out where the hidden gold is buried. Do you want to hear?
B Sure! I'm all ears!

A とうとう隠された金が埋められている場所が分かったよ。聞きたい？
B もちろん！　教えてくれ！

ワンポイントアドバイス all Greek（ちんぷんかんぷん）、all thumbs（不器用）→ P.165 参照

使えるイディオム 14 CD2 17

on the tip of one's tongue
（言いたいことが）のど元まで来ている

直訳すると
舌の先にある

類義語
almost remember it

なぜ？がわかるPoint! 言いたいことが思い出せそうで思い出せないことが時々ありますね。そんなとき日本語では「のど元まで来てる」と表現しますが、英語では「舌先まで来てる」です。西洋では舌が喋ることの象徴です。

A What is his name?
B I can't remember, but it's on the tip of my tongue!

A 彼の名前はなんだっけ？
B 思い出せないんだ。のど元まで来ているんだけど。

ワンポイントアドバイス 言おうとしたことを先に言われてしまった場合は、You just took it out of my mouth.

使えるイディオム 15 CD2-18

look as if butter wouldn't melt in one's mouth
虫も殺さぬような顔をしている

直訳すると　バターが口の中で溶けないように見える
類義語　gentle and well-behaved

なぜ？がわかるPoint!　大人しく行儀が良いことを「たとえバターが口の中にあったとしても溶けない」と表現します。意外ですね。悪いことをしていて、素知らぬ顔をする状況でも使えます。

A　Who took your comic book?
B　I think Jim did, but when I asked him about it, he looked as if butter wouldn't melt in his mouth.

A　あなたの漫画本、誰がとったの？
B　ジムだと思うんだ。でもぼくが彼にそのことを聞いたとき、彼は素知らぬふりをしていたんだ。

ワンポイントアドバイス　「彼女とすれ違ったとき、彼女は素知らぬ顔をして通り過ぎた」は She cut me when she passed me.

使えるイディオム 16 CD2-18

bury one's head in the sand
現実から目をそらす

直訳すると　頭を砂に突っ込む
類義語　avoid looking at the reality of the situation

なぜ？がわかるPoint!　砂に頭を埋めると現実を直視できなくなります。英語では、現実から目をそらすことを「頭を砂に埋める」と表します。目を単にそらすだけではありません。

A　I never understood why we lost that battle so easily.
B　Well, half of our soldiers just ran off and buried their heads in the sand.

A　その戦いになぜそんなに簡単に負けてしまったのか、ちっとも分からない。
B　えっとね。それは、我々の兵士の半分がただ逃げ去って、現実から目をそらしたからだよ。

ワンポイントアドバイス　現実に立ち向かおうとしない人を ostrich（ダチョウ）で表せます。He is an ostrich.（彼は現実逃避者だ）

使えるイディオム 17 (CD2-19)

foam at the mouth

激しく怒る

直訳すると
口元で泡ができている

類義語
fly into a (towering) rage

なぜ？がわかるPoint! 日本語では「口角泡を飛ばす（＝口元から唾を飛ばす）」という議論の激しさを示す表現がありますが、英語では、この状況は怒りを表します。

A **What did your father say after you told him you damaged his car?**
B **He was so angry he was foaming at the mouth.**

A 君がお父さんの車を傷つけたことをお父さんに話したら、何て言ったの？
B カンカンに怒っていたよ。

ワンポイントアドバイス 「激怒のあまり娘を勘当した」は He was so furious that he disowned his daughter.

使えるイディオム 18 (CD2-19)

jump down someone's throat

厳しく叱る

直訳すると
喉に跳んで入る

類義語
give a good scolding

なぜ？がわかるPoint! 厳しく叱ることを日本語では「大目玉を食らう」とか言いますが、英語では「人の喉に飛びかかる」と表現します。なお、jump の他動詞で「襲う、飛びかかる」という意味があります。Someone jumped me in the dark.（暗がりで誰かが飛びかかってきた）

A **What do you think about our new boss?**
B **He seems alright, but he sometimes jumps down my throat when I make a minor mistake.**

A 新しい上司のことどう思う？
B 問題なさそうだけど、ぼくが小さなミスをしたときに厳しく叱りつけることがあるんだ。

ワンポイントアドバイス give someone a piece of one's mind（自分の心の一部を与える）ことも怒ることを意味します。

使えるイディオム 19 （CD2-20）

have ... on the brain

…で頭がいっぱいである

直訳すると
…が頭脳に引っかかっている

類義語
have a lot of things to think about

なぜ？がわかるPoint! on は接触するという意味を持ちます。だから have ... on the brain という表現は「…が頭に引っかかっている」、すなわち、「…で頭がいっぱい」という意味になりうるのです。日本語の「…で頭の中がいっぱい」のように have ... in the brain とは普通言いません。

A You haven't been concentrating on your writing at all.
B Sorry, I have sports on the brain at the moment.

A あなたは書くことに全く集中していないわ。
B ごめん。今はスポーツのことで頭がいっぱいなんだ。

ワンポイントアドバイス What's <u>on</u> your mind? (何を気にしているの？) と What's <u>in</u> your mind? (何を考えているの？)

使えるイディオム 20 （CD2-20）

head over heels

完全に

直訳すると
かかとを超えて頭（が）

類義語
completely

なぜ？がわかるPoint! over は「上に」というよりも「上回って」、「超える」という意味があり、head over heels というと「かかとを超えて頭から先に」という想像ができ、「まっさかさまに」の意味が現れました。これから「ぞっこん」の意味に発展しました。

A The first time I looked at her, I fell head over heels in love!
B Yes, she is very beautiful, isn't she?

A 彼女を初めて見たときから、彼女にぞっこんだよ。
B 彼女はとてもきれいなんでしょうね。

ワンポイントアドバイス She is a dog. というと「彼女は魅力ないね」の意味（俗語）。

3 体

テーマ4　動物

使えるイディオム 1　CD2-21

rain cats and dogs
土砂降りである

直訳すると
猫と犬がいっぱい降ってくる

類義語
pour

なぜ？がわかるPoint! 猫が大雨を招き、犬が強風を招くという迷信と、猫や犬が天から降ってきたら、さぞかし喧（やかま）しいだろうというイメージが合体したと思われます。また激しい雨の音が猫と犬のけんかにも似ていることも影響しているでしょう。日本語では降ってくるのは土砂ですね。

A **What a big umbrella you have!**
B **I heard it's going to be raining cats and dogs.**

A 君はなんて大きな傘を持っているんだ。
B 土砂降りの雨が降るそうよ。

ワンポイントアドバイス 雨のように浴びせる→I rained presents on her but in vain. （彼女をプレゼント攻めにしたけど失敗）

使えるイディオム 2　CD2-21

go to the dogs
落ちぶれる

直訳すると
犬たちの元に行く

類義語
fall low

なぜ？がわかるPoint! 西洋の発想では、動物全般は、人間に与えられたものに過ぎません。その代表格の犬が惨めな象徴であると考えられます。だから go to the dogs（犬たちの元へ行く）の意味が「犬のような状態になる」から「落ちぶれる」に発展しました。

A **I have such fond memories of this place.**
B **Yeah, it's a shame that it's gone to the dogs.**

A この場所にはとても懐かしい思い出があるわ。
B ああ。（今は）荒れ果ててしまって残念だね。

ワンポイントアドバイス dog でもっと。→ lead a dog's life（惨（みじ）めな生活をする）、dog-tired（へとへと）

使えるイディオム 3 CD2-22

eat like a horse

馬食する

直訳すると
馬のように食べる

類義語
eat too much

なぜ？がわかるPoint! 大食いのたとえで選ばれる動物は日英ともに horse です。日本語にも「馬食する」があります。似た表現に eat like a pig（豚のように食べる）も。しかし、これは「がつがつ食べる」ということでニュアンスが少し違います。

A **Oh my, he ate almost the entire buffet himself.**
B **He really eats like a horse.**

A なんてことだ。彼はほとんど全部のビュッフェを一人で食べてしまった。
B 彼は本当に大食いだな。

ワンポイントアドバイス 同様の表現に drink like a fish（鯨飲する）、smoke like a chimney（ヘビースモーカーである）。

使えるイディオム 4 CD2-22

the black sheep of the family

嫌われ者

直訳すると
家族の黒い羊

類義語
a person hated by everybody

なぜ？がわかるPoint! 黒い羊は数が少ないため売れるほど毛を刈れませんし、他の色にも染められません。羊飼いから嫌われていたというのが由来です。牧畜社会独特のイディオムですね。

A **My cousin has always been the black sheep of the family.**
B **So, that's why your family never allows him to visit.**

A 私のいとこはいつも嫌われ者だったの。
B だから君の家族は彼を家に来させないんだね。

ワンポイントアドバイス sheep といえば、a wolf in sheep's clothing で「偽善者」。

4 動物

使えるイディオム 5　CD2-23

the lion's share
最大の分け前

直訳すると
ライオンの取り分

類義語
the largest share

なぜ？がわかるPoint!　イソップ物語のライオンの寓話が表現の起源です。百獣の王ライオンが狩りの獲物をほとんど独占したのです。そこから分け前が最大という意味になったのですね。take the lion's share で「うまい汁を吸う」と訳される場合もあります。

A Now that was a good deal, wasn't it?
B Sure was! We got the lion's share of the profits.

A それは割のいい取引だっただろう？
B 本当に！　一番大きな分け前を取れたよ。

ワンポイントアドバイス　lion でもう1つ→ put one's head into the lion's mouth（好んで危険を冒す）

使えるイディオム 6　CD2-23

beat a dead horse
無駄なことをする

直訳すると
死んだ馬を鞭打つ

類義語
make vain efforts

なぜ？がわかるPoint!　死んだ馬に鞭打っても動かないことから、「無駄骨」を意味するイディオムとして成立しました。flog a dead horse も同じ意味です。この英語は、日本語の「死者に鞭打つ」（＝死者を非難する）行為とは関係ありません。

A That was ten years ago, right?
B Yeah, she really likes to beat a dead horse.

A それは10年前のことでしょ？
B ええ。彼女は本当に昔の話を蒸し返すのが好きなのよ。

ワンポイントアドバイス　同じ意味の他表現→ square the circle（円を四角にする）、cry for the moon（月が欲しいと泣く）

使えるイディオム 7 CD2 24

hold one's horses

待つ、止める

直訳すると
馬をつなぎ止めておく

類義語
wait、be pataient

なぜ？がわかるPoint! hold the line（電話を切らずに待つ）の用法があるように、hold one's horses（馬をとどめておく）があります。これは「待つ、我慢する、慌てない」の意味を持ちます。命令形では「落ち着け」という意味になります。

A Hold your horses! I haven't finished talking to you yet!
B But I have a train to catch! See ya!

A 待って！ まだ話は終わってないわ！
B でも電車に乗らなきゃ！ じゃあね！

ワンポイントアドバイス hold one's water（おしっこを我慢する）を用い、比喩的に「我慢する」と言うことも。

使えるイディオム 8 CD2 24

rat race

おろかな競争（が中心の仕事）

直訳すると
ねずみレース

類義語
excessive work

なぜ？がわかるPoint! 金儲けの競争や出世競争、さらにもっと一般的に生存競争など、主に仕事上のおろかな競争を rat race と表します。ねずみは無駄に走り回り成果を出さないことから、このようなイディオムが生まれたと思われます。

A Well, the weekend's almost over.
B Yup, it's back to the get-rich rat race tomorrow!

A ああ、週末ももうすぐ終わりだなあ。
B うん。明日からまた金儲け競争に戻るんだな！

ワンポイントアドバイス rat といえば smell a rat（怪しい）がありましたね。（p.70 参照）

使えるイディオム 9 CD2-25

monkey around

ふざける、はしゃぎ回る

直訳すると
サルのような行動をする

類義語
frisk

なぜ？がわかるPoint! サルはうるさくはしゃぎ回ることがあり、そのサルをそのまま動詞化した表現です。「ふざける」「はしゃぐ」以外に「物まねする」の意味もあります。日本語でいう「猿真似」（サルが人のまねをすること）と共通点がありますね。

A I wish my students would sit still and listen.
B It's hard to teach when they monkey around, isn't it?

A 生徒がじっと座って話を聞いてくれたらなあ。
B 彼らがふざけているときに教えるのは難しいわよね？

ワンポイントアドバイス monkey (around) with ... というと「…をいじくり回す、弄ぶ」の意味。

使えるイディオム 10 CD2-25

play possum

たぬき寝入りする

直訳すると
フクロネズミを演じる

類義語
pretend to sleep

なぜ？がわかるPoint! possum はアメリカ英語で、イギリス英語は opossum。フクロネズミは北アメリカ南部から南アメリカにかけて生息する夜行性の有袋類です。驚くと死んだふりをします。これが寝たふりをする意味に結びつきました。日本語では「たぬき」で表現しますね。

A What should I do if a wild animal chases me?
B Maybe you should play possum.

A 野生の動物が私を追いかけてきたらどうすべきかしら？
B たぶん、たぬき寝入りをすべきだろうね。

ワンポイントアドバイス Bの訳では「死んだふりをする」としても構いません。

使えるイディオム 11 CD2-26

quit cold turkey
突然止める

直訳すると
冷たい七面鳥的に止める

類義語
suddenly stop

なぜ？がわかるPoint! このイディオムはヘロイン中毒と関係があります。中毒者が薬を止めると急に寒くなり（cold）、鳥肌が立つ（turkey のようになる）ことから、quit cold turkey と言えば、タバコや酒を急に止めることを意味するようになりました。

A I'm having a hard time quitting smoking.
B You should try quitting cold turkey.

A たばこをなかなか止められないんだ。
B スパッと止めてみるべきよ。

ワンポイントアドバイス turkey は Turkey と書けば「トルコ」という国の名前。

使えるイディオム 12 CD2-26

an early bird
早起きである

直訳すると
早い鳥

類義語
an early riser

なぜ？がわかるPoint! An early bird catches the worm（早起きの鳥は虫を捕まえる）という「早起きは三文の得」ということわざがあります。このことわざから early bird は早起きという意味が独立しました。小鳥は朝早くから鳴いているイメージがありますね。

A Good morning, John! You're quite the early bird today!
B Yeah, my wife woke me up an hour earlier so I decided to head to work.

A おはよう、ジョン。今日はとても早いんだね！
B ああ、妻が1時間早くぼくを起こしたから、仕事へ向かうことにしたんだ。

ワンポイントアドバイス 早寝早起き= go to bed early and get up early、夜型人間= be a night owl（夜のふくろう）

使えるイディオム 13 CD2-27

eat like a bird

小食である

直訳すると
鳥のように食べる

類義語
eat very little

なぜ？がわかるPoint! 小鳥はついばむ程度にしか食べません。そのため、eat like a bird というと「小食である」を意味します。

A You're son is extremely thin.
B Well, he eats like a bird.

A あなたの息子さんはとても痩せているわね。
B ああ。あの子は小食なんだ。

ワンポイントアドバイス 鳥は空を飛べるので like a bird 自体に「楽々と」の意味もあります。

使えるイディオム 14 CD2-27

eat crow

屈辱を味わう

直訳すると
カラスを食べる

類義語
be humiliated

なぜ？がわかるPoint! 1812年の英米戦争で、カラスを撃った米兵が英兵に銃を取られて、そのカラスを一口食べさせられたが、その米兵は銃を取り返し、残りのカラスを全て英兵に食べさせたという話があります。そのときの英兵が「屈辱を味わった、非を認めた」というエピソードが起源です。

A Why do you look so miserable?
B I had to eat crow after my prediction proved inaccurate.

A なぜそんなにさえない顔をしているの？
B ぼくの予言が不正確だったので、屈辱を味わざるを得なかったからなんだ。

ワンポイントアドバイス イギリス英語では、同じ状況を eat humble pie と表現します。

使えるイディオム 15 CD2-28

crocodile tears
そらなみだ
空涙

直訳すると
ワニの涙

類義語
false tears

なぜ？がわかるPoint! ワニは感情に関係なく涙を流すという事実に由来したイディオムです。西洋のワニ伝説では、ワニは人間と同じように楽しんだり、悲しんだりして、うまくおびき寄せ、獲物(えもの)を食べてしまうという話があります。

A **Did you see the way he cried after the president was shot?**
B **Yes, those were certainly crocodile tears.**

A 大統領が撃たれた後の彼の泣き方を見た？
B ええ。あれは確かに空涙だったよね。

ワンポイントアドバイス shed crocodile tears で「空涙を流す」。

使えるイディオム 16 CD2-28

get goose bumps
鳥肌が立つ

直訳すると
ガチョウのぶつぶつを得る

類義語
have gooseflesh

なぜ？がわかるPoint! 「ガチョウ」(goose)の皮には「ぶつぶつ」(bumps)があり、これが寒さや恐怖や興奮などでできる鳥肌を意味するようになりました。日本語と発想はほとんど同じですね。

A **I always get goose bumps when my favorite singer performs on TV.**
B **You must really like her.**

A ぼくは好きな歌手がテレビに出演しているときいつも鳥肌が立つんだ。
B 本当に彼女が好きなのね。

ワンポイントアドバイス Goose pimples came out on my arms. というと「私の腕に鳥肌が立った」という意味。

4 動物

使えるイディオム 17 CD2 29

turn turtle

ひっくり返る

直訳すると
亀をひっくり返す

類義語
turned upside down

なぜ？がわかるPoint! 亀がひっくり返ったイメージは、まさにボートや車などがひっくり返っているイメージと重なることからできたイディオムです。韻を踏んでいるのでリズムがいい。

A **On the way home from work today I saw a car which had turned turtle.**
B **Must have been quite a sight.**

A 今日仕事から帰宅途中、ぼくはひっくり返っている車を見たんだ。
B すごい光景だったでしょうね。

ワンポイントアドバイス turtle は主に海亀、陸亀や淡水の亀は tortoise と言う。

使えるイディオム 18 CD2 29

have a frog in one's throat

しわがれ声である

直訳すると
自分の喉に蛙がいる

類義語
have a gravelly voice

なぜ？がわかるPoint! 英語には have X in Y（Y に X を持っている）というパターンのイディオムが多く存在します。このイディオムもそのパターンですね。蛙の鳴き声がしわがれ声に似ていることから、喉に蛙がいるという形のイディオムができあがりました。

A **He was coughing all day when he tried to speak.**
B **He must have had a frog in his throat.**

A 彼はしゃべろうとしたとき一日中咳き込んでいたよ。
B 声がしわがれていたに違いない。

ワンポイントアドバイス have a frog in the throat としてもよい。

使えるイディオム 19 　CD2-30

have ants in one's pants
むずむずしている

直訳すると
ズボンに蟻がいる

類義語
be itching

なぜ？がわかるPoint! 不安や心配や何かをしたくて落ち着かない状況を、蟻がズボンの中に入っていると表したイディオム。むずむず、そわそわ、うずうずなどの日本語に当たります。ants と pants が韻を踏んでいます。have のかわりに have got でも OK。

A I told my son to stop but he's got ants in his pants.
B A good slap will get him to calm down.

A ぼくは息子にやめるように言ったんだけど、本当に落ち着かない子だよ。
B 一回きつくひっぱたいたら落ち着くでしょう。

ワンポイントアドバイス 蟻でもう一つ。work like an ant (蟻のように働く) で「一生懸命に働く」の意味。

使えるイディオム 20 　CD2-30

have butterflies in one's stomach
はらはらしている

直訳すると
自分の胃の中に蝶がいる

類義語
make someone feel uneasy

なぜ？がわかるPoint! 人前で何かをしないといけないとか、試験の結果が心配というときに使います。はらはら、どきどき、そわそわという日本語に当たる状況を、胃の中に蝶が舞っていることに喩えたイディオムです。

A Are you ready for today's speech?
B Yes, but I've got butterflies in my stomach.

A 今日のスピーチの準備はできてる？
B ああ。でも緊張しているんだ。

ワンポイントアドバイス have butterflies in the tummy.（ポンポンに蝶がいる）とも表現できます。

テーマ5　植物

使えるイディオム 1　CD2 31

turn over a new leaf
心を入れ替える

直訳すると
新しい葉をひっくり返す

類義語
change one's mind

なぜ？がわかるPoint! leaf は「葉」ですが、これは本などのページも意味し、新しいページをめくることが、心機一転を暗示します。

A Are you just saying that?
B No, I will change! I'm ready to turn over a new leaf.

A どうせ口先だけでしょう？
B いや、変わるよ！　心を入れ替える準備ができているんだ。

ワンポイントアドバイス　男性の場合は、I have become a new man. で「心をすっかり入れ替えたよ」を表せます。

使えるイディオム 2　CD2 31

sleep like a log
ぐっすり眠る

直訳すると
丸太のように眠る

類義語
sleep soundly

なぜ？がわかるPoint! 丸太はただ横たわっているだけで、びくとも動かないですね。この状況をぐっすり寝ていることに喩えたイディオムです。下の会話例では、B は寝過してしまったので飛び起きて来たという状況です。

A Why is your hair so messy?
B I slept like a log last night and didn't hear the alarm.

A あなたの髪はなぜそんなにボサボサなの？
B 昨晩ぐっすり眠ってしまって、アラームが聞こえなかったんだ。

ワンポイントアドバイス　コマもしっかり回すと動かないので、sleep like a top でも「ぐっすり眠る」を表せます。

使えるイディオム 3 CD2 32

bark up the wrong tree

お門違いである

直訳すると
間違った木に向かって吠える

類義語
make a wrong guess

なぜ？がわかるPoint! 「見当違いのことをする、関係ない人を責める」などの意味を持つイディオムです。猟犬が獲物の逃げた木に向かって吠えているという状況で、犬は獲物そのものに対して吠えていないのです。

A I told you to stop taking food from my locker!
B Calm down! You're barking up the wrong tree!

A 私のロッカーから食べ物を取るのをやめてって言ったでしょ！
B 落ち着いて！ お門違いだよ！

ワンポイントアドバイス 「的外れだよ」は、That's beside the point.

使えるイディオム 4 CD2 32

no bed of roses

楽なものではない

直訳すると
バラでできたベッドでない

類義語
no easy task

なぜ？がわかるPoint! アメリカ人が好きな花はバラで、このバラからできたベッドは楽なものの象徴です。これを no で強く否定する表現が「楽じゃない」ということを表すイディオムになりました。（P. 55 a bed of roses 参照）

A How is your new job?
B It's no bed of roses that's for sure.

A 新しい仕事はどう？
B 楽なものではないというのは確かだよ。

ワンポイントアドバイス B の that's for sure の that は関係詞で、前の文を指す口語用法です。

5 植物

使えるイディオム 5　CD2 33

not out of the woods

安心できない

直訳すると
森から出ていない

類義語
cannot be yet relieved

なぜ？がわかるPoint! 「森の中から出る」（out of the woods）は、「もう大丈夫だ」ということを表します。逆に、森から出られない状態では、森に潜むさまざまな危険に対して安心できません。

A **That presentation went well.**
B **Stay focused, we're not out of the woods yet.**

A あのプレゼンはうまく行きましたね。
B 集中しろ。我々はまだ安心できない。

ワンポイントアドバイス We are out of the woods. と言えば「もう大丈夫だ」の意味になります。

使えるイディオム 6 CD2-33

sow one's wild oats

派手に遊ぶ

直訳すると
野生オート麦の種を蒔く

類義語
be a compulsive woman chaser

なぜ？がわかるPoint! 大麦に似ているカラス麦（wild oats）をいくら蒔いても大麦はできません。そこから sow one's wild oats は「無駄なことをする」という意味を持つようになりました。さらに、wild oats には「若い男性の精子」の意味もあり「若気の至りで遊びまわる」の意味が出てきました。

A **My brother is so busy chasing girls around town every Friday night.**
B **Well he's just sowing his wild oats.**

A 私の兄は毎週金曜日の夜に女の子を街中追っかけ回すことにとても忙しいの。
B へえ。派手に遊んでいるんだね。

ワンポイントアドバイス wild を省略して、sow one's oats とも言えます。

5 植物

使えるイディオム 7 CD2-34

beat around the bush
遠まわしに言う

直訳すると
藪の周りを叩く

類義語
not get to the point

なぜ？がわかるPoint! 狩りで隠れている獲物を見つけ出すために藪を叩いたことに由来します。藪を叩くことが直接獲物を狙うこととは違いますので、「遠まわしに言う」「ぐずぐずしている」などの意味に用いられるようになりました。

A So, about last night. I am sorry to tell you but ... well ...
B Come on, don't beat around the bush, out with it!

A それで、昨日の夜のことなんだけど。悪いけど。えーっと。
B さあ。遠まわしに言わないで、はっきり言って！

ワンポイントアドバイス Stop beating around the bush! なら「遠まわしに言わないでくれ！」です。

使えるイディオム 8 CD2-34

like a bump on a log
ボーッとして

直訳すると
丸太の上のコブのように

類義語
being useless by doing nothing

なぜ？がわかるPoint! 丸太（log）の突き出た部分（bump）は材木として役立たないので、「役に立たない人」「怠け者」「ボーッとしている人」などのことを指すようになりました。

A Don't sit there like a bump on a log. I need help.
B Alright, what do you need help with?

A ボーっとそこに座っていないで。手伝ってほしいの。
B わかったよ。何を手伝ってほしいの？

ワンポイントアドバイス bump は突出部のイメージから昇格の意味も生まれます。

使えるイディオム 9　CD2 35

root and branch

徹底的に

直訳すると
根も枝も

類義語
completely

なぜ？がわかるPoint!　「木の重要な部分としての根、発展した部分としての枝も、何もかも取り去ってしまう」ように、全てを一新するイメージから生まれたイディオムです。

A Corruption is widespread in the current administration.
B I agree. It has to be removed root and branch.

A 現政権には汚職が蔓延している。
B その通りだ。徹底的になくさないといけない。

ワンポイントアドバイス　root 自体に「根こそぎにする」という意味があります。

使えるイディオム 10　CD2 35

out of one's tree

頭がどうかしている

直訳すると
自分の木から出て

類義語
out of one's head

なぜ？がわかるPoint!　自分自身が頭から離れたり（out of one's head）、心から離れたり（out of one's mind）するということは、「頭がどうかしている」状態になります。自分が登っている木から離れること（out of one's tree）も同様の意味を持つようになりました。危ないからでしょう。

A I think mayonnaise tastes good on ice cream.
B What? You must be out of your tree.

A アイスクリームにマヨネーズをのせるとおいしいと思うよ。
B 何ですって？　あなた頭がどうかしているんじゃないの。

ワンポイントアドバイス　out of one's own head というと「自分の頭で考えて」の意味になります。

5 植物

テーマ6　食べ物・飲み物

使えるイディオム 1　CD2-36

beef up
強化する

直訳すると
牛肉する

類義語
strengthen

なぜ？がわかるPoint! beef には動詞で「牛を食用に太らせる」という意味があります。これが一般化して「強化する」の意味になりました。

A I'd like to have a busier schedule.
B So you're saying we should beef up your workload?

A スケジュールをもっと忙しくしたいんだ。
B では、私たちは君の仕事量を増やすべきだって言うんだね？

ワンポイントアドバイス　beef は通常、不可算名詞で「牛肉」の意味。a beef というように可算名詞にしたら「肉牛」です。

使えるイディオム 2　CD2-36

one's cup of tea
好み

直訳すると
自分の一杯の紅茶

類義語
a liking (for something)

なぜ？がわかるPoint! イギリスでは紅茶が好まれています。その紅茶の種類や飲み方にも人それぞれ好みがあります。だから one's cup of tea（自分の紅茶）が「好み」の意味になりました。否定文と組み合わせて使うことが多いですよ。

A Swimming in the ice cold waters off Hokkaido in January is fantastic.
B If you say so; but it's not my cup of tea.

A 1月に北海道の氷のように冷たい水の中で泳ぐのは最高だよ。
B そうかもしれないね。でも、それはぼくには合わないな。

ワンポイントアドバイス　口語では go for で「好む」とも。I don't go for this kind of tie.（この種のネクタイは私の好みと違う）

使えるイディオム 3 CD2 37

a piece of cake
朝飯前

直訳すると
ケーキ一切れ

類義語
a very easy job

なぜ？がわかるPoint! ケーキ一切れ(ひときれ)を食べるのは簡単なことだという発想から「超簡単」を意味するようになりました。日本語には、朝ごはんの前にすることができるほど簡単という意味の「朝飯前」がありますね。英語と日本語のイディオム、食べ物が関係する点で似ていますが少し発想が違いますね。

A I never tried riding the train to Kyoto before.
B Don't worry; it's a piece of cake.

A 今まで京都まで電車で行こうとしたことがないのよ。
B 心配ないよ。どうってことないさ。

ワンポイントアドバイス アメリカの俗語でcake jobと言えば「楽な仕事」。朝飯前のケーキを連想してできた表現です。

使えるイディオム 4 CD2 37

the apple of one's eye
目の中に入れても痛くない

直訳すると
自分の目の中のりんご

類義語
a very important person/thing

なぜ？がわかるPoint! 「目の中のりんご」とは英語で瞳のことです。the apple of one's eye は聖書に由来する言葉です。瞳は大切だから、「非常に大切な人・もの」の意味になりました。日本語では「目の中に入れても痛くない」と言いますね。

A Your daughter is such a sweetheart.
B Thank you so much. She's the apple of my eye.

A あなたの娘さんはとてもかわいいね。
B どうもありがとう。目の中に入れても痛くないんだ。

ワンポイントアドバイス 「生徒」を意味する単語であるpupilですが、同じ綴(つづ)りで「瞳」の意味の単語があります。

使えるイディオム 5　CD2-38

nutty as a fruitcake

おかしい、どうかしている

直訳すると
フルーツケーキとしてナッツの

類義語
crazy

なぜ？がわかるPoint! nuts には「狂った」の意味があり、フルーツケーキはナッツをたくさん含みますから、nutty as a fruitcake でも「狂っている」の意味になりました。

A The professor came to class wearing his wife's swimsuit!
B He's nutty as a fruitcake, isn't he?

A 教授が奥さんの水着を着て教室に入ってきたんだ。
B 彼はどうかしているね。

ワンポイントアドバイス He is a fruitcake.（彼ってちょっと変わってるね）という表現も最近は使われます。

使えるイディオム 6　CD2-38

dressed up like a dog's dinner

着飾った、派手な服装をする

直訳すると
犬の夕食のように着飾って

類義語
dressed impressively

なぜ？がわかるPoint! 犬のディナーには「残り物だらけでたいしたことない」イメージがあります。dressed up は「着飾る」の意味です。この２つを組み合わせた表現で「本人だけ上手に着こなしていると思っている→実は派手」が意味されるようになりました。現在では「派手な」の意味になっています。

A What should I wear for tonight's formal party?
B You should dress up like a dog's dinner.

A 今夜の正式なパーティーには何を着ていくべきかしら？
B 派手な服装で行くべきだよ。

ワンポイントアドバイス ちなみに dog's dinner 自体は残飯のイメージから発展した「めちゃくちゃ」という意味がある。

使えるイディオム 7 CD2-39

full of beans

元気いっぱい

直訳すると
豆が一杯で

類義語
full of pep, in good spirits

なぜ？がわかるPoint! 「家畜の飼料」（fodder）が豆で一杯だと、それを食べた馬は元気一杯になるという連想が起源です。beansに「でたらめ、たわごと」の意味もあるので、アメリカ口語ではfull of beansは「間違って」の意味もあります。注意しましょう。

A Johnny is so energetic at work.
B I agree. He's just full of beans, isn't he?

A ジョニーはとても仕事熱心だね。
B その通り。彼は元気いっぱいさ。

ワンポイントアドバイス beanを使ったイディオムは多く、I don't know beansで「全く分からないよ」など。

使えるイディオム 8 CD2-39

sour grapes

負け惜しみ

直訳すると
酸っぱいブドウ

類義語
being a bad loser

なぜ？がわかるPoint! このイディオムは、イソップ物語で、狐がおいしそうなブドウを取ろうとしたが、失敗し、「どうせ酸っぱいブドウだ」と言った話に由来します。

A She told me my new hairstyle looked terrible.
B That's just sour grapes. You look fantastic.

A 彼女は私の新しい髪型がひどいって言ったのよ。
B それは（彼女の）負け惜しみだよ。素敵だよ。

ワンポイントアドバイス A good player accepts defeat with good grace. （立派な選手は負け惜しみを言わない）

使えるイディオム 9 CD2-40

not worth a fig

何の価値もない

直訳すると
1つのイチジクの価値もない

類義語
trifling

なぜ？がわかるPoint! fig はイチジクの意味ですが、大きさが小さいもの、数が少ないものという意味が含まれるようになりました。そこから派生して、not worth a fig で「些細な、取るに足りない、何の価値もない」というイディオムが生まれました。

A How much did they offer you for your car?
B They told me it's too old and not worth a fig.

A 彼らは君の車にどのくらいの値段を付けてきたんだい？
B 古すぎて何の価値もないって言ったんだ。

ワンポイントアドバイス at all の代わりに fig でも → I don't care a fig for what she says.（彼女が言うことなんかどうでもいい）

使えるイディオム 10 CD2-40

stew in one's own juice

自業自得で苦しむ

直訳すると
ジュースの中で煮える

類義語
invite your own misfortunes

なぜ？がわかるPoint! juice には汁（水分）、体液（胃液）そしてジュース（飲み物）の3つの意味があります。自分自身の水分で調理する、自分自身の胃液で溶かされる、自分自身のジュースにおいてやきもきする――どの状況も自業自得を髣髴（ほうふつ）とさせます。

A I'm tired of arguing with Bob like that.
B Let him stew in his own juice for a while and then talk to him again.

A ボブとそんな風に言い争うことにうんざりしているんだ。
B 彼は自業自得なんだから、しばらくほっておいて、それからまた話をしてみたら。

ワンポイントアドバイス be in a stew は、ぐつぐつ煮えるさまから「やきもきしている」の意味で使われます。

テーマ7　衣類

使えるイディオム 1　CD2-41

at the drop of a hat

即座に

直訳すると
帽子の落ちるときに

類義語
immediately

なぜ？がわかるPoint!　19世紀のアメリカでは、帽子を落とすことが喧嘩の合図かのように、すぐに喧嘩が始まりました。この喧嘩を始める早さが強調されて、このイディオムができました。現在では喧嘩のようなマイナスイメージ以外にも使用されます。

A Peter is always willing to help me at the drop of a hat.
B He really is a helpful member of our project.

A ピーターはいつも即座に進んで手伝ってくれるんだ。
B 彼は本当に我々のプロジェクトで役に立ってくれるね。

ワンポイントアドバイス　talk through one's hatは、大げさで大声を出さないといけないイメージから「大法螺を吹く」。

使えるイディオム 2　CD2-41

keep something under one's hat

内緒にしておく

直訳すると
自分の帽子の下に…を保つ

類義語
keep something a secret

なぜ？がわかるPoint!　帽子の下に入れると隠れて見えないことと、帽子の下の頭に入れることを暗示する表現です。このことから「内密にする」のイディオムとなりました。Bにおいてsoulは「魂」ではなく「人」の意味。口語表現です。

A Keep this under your hat. I just found out Mary is moving to Los Angeles.
B Really? Alright, I won't tell a soul.

A このことは内緒にしておいてね。メアリーがロサンゼルスに引っ越すことが分かったの。
B 本当に？　分かった。誰にも言わない。

ワンポイントアドバイス　hatでもう一つ。I'm wearing my teacher's hat today.(今日は教師の立場で話します)

使えるイディオム 3 　CD2-42

wear the pants
主導権を握る

直訳すると
ズボンをはいている

類義語
take the initiative

なぜ？がわかるPoint! 昔は家庭内でズボンをはいているのは、家庭の実権を握っている男性でした。だから wear the pants が「実権を握る」という意味のイディオムになりました。この主語が妻であれば、「カカア殿下だ」を表現します。

A Sorry guys, my wife won't allow me to go to the horse races with you tomorrow.
B We know who wears the pants in your family!

A ごめん、みんな。妻が明日の競馬には行かせてくれないんだ。
B あなたの家族で誰が家を仕切っているかみんな知ってるよ。

ワンポイントアドバイス pants はアメリカ口語で「ズボン (trousers)」のこと。

使えるイディオム 4 　CD2-42

speak off the cuff
即席で話す

直訳すると
袖口から離れて話す

類義語
make an impromptu speech

なぜ？がわかるPoint! 昔、アメリカで、講演などで準備をしていないとき、ワイシャツの袖口 (cuff) にメモを書いて、それをちらちら見ながら喋るということが流行りました。その袖口に頼って (= off the cuff) 話すことは「準備なしで話すこと」を意味するようになりました。

A May I speak off the cuff on this matter?
B Feel free to speak your mind. I value your honest opinion.

A このことについて即席で話してもいいかな？
B 自由に本音を言ってごらん。君の率直な意見を尊重するよ。

ワンポイントアドバイス 「頼る」の意味の off → He lived off an inheritance. (彼は遺産を頼りに生活した)

使えるイディオム 5 CD2 43

hot under the collar

ひどく腹を立てて

直訳すると
襟の下が熱い

類義語
very angry

なぜ？がわかるPoint! 人は怒ると「首元」(under the collar) が赤くなり熱くなることから、このイディオムが生まれました。「カンカンに怒って、興奮して、当惑して」の意味が出ます。

A My friend was a bit hot under the collar when I told him I used to date his girlfriend.
B That's understandable. Has he cooled off a bit?

A 友人のガールフレンドと昔デートしていたと彼に話したとき、彼はひどく腹を立てていたよ。
B そりゃあそうだよ。彼の怒り、少しは鎮まった？

ワンポイントアドバイス hotでもう一つ。blow hot and cold about ...(…について態度をすぐに変える)

使えるイディオム 6 CD2 43

if the shoe fits, wear it

胸に手を当てて考えてごらん

直訳すると
もし靴が合うなら履きなさい

類義語
If it is true of you, accept it.

なぜ？がわかるPoint! 「批判などが自分自身に当てはまるなら、受け入れなさい」という意味のことを、「靴」を使って表現しています。「(自分のことかどうか) 胸に手を当てて考えてごらん」のニュアンスもあり、日本語では「胸」、英語では「足」に視点がありますね。

A They said I'm crazy because of my strange sense of humor.
B Well if the shoe fits, wear it.

A ぼくの変わったユーモアのセンスのせいで、頭がおかしいと言われているんだ。
B じゃあ、胸に手を当てて考えてごらん。

ワンポイントアドバイス shoeでもう一つ。Do you really see where the shoe pinches? (問題点をちゃんと分かっているの？)

使えるイディオム 7　CD2 44

flip one's wig
急に怒る

直訳すると
自分のカツラをぽいと投げる

類義語
get mad suddenly

なぜ？がわかるPoint! 何かに激怒し、正常な心を失うと、鬘(かつら)でも投げてしまうという連想からできたと思われるイディオムです。よっぽど怒らないと、鬘を投げて淋しい頭を見せるようなことはしませんよね。

A Why is her face red?
B She flipped her wig when her husband told her he wouldn't help with household chores anymore.

A 彼女の顔、なぜ赤いの？
B 旦那さんが家事をもう手伝わないと言ったら急に怒ったのよ。

ワンポイントアドバイス flipには「ひっくり返す」の意味も → flip a pancake（ホットケーキをひっくり返す）

使えるイディオム 8　CD2 44

put on one's thinking cap (s)
とくと考える、知恵を絞る

直訳すると
考えるための帽子をかぶる

類義語
think a lot

なぜ？がわかるPoint! 18世紀後半から使い始められたイディオムで、裁判官が判決のとき帽子をかぶったことに由来するという説があります。thinking cap は the cap for thinking（考えるための帽子）という意味です。

A We have to come up with a better plan before tomorrow's deadline!
B Everyone, put on your thinking caps and let's figure this out.

A 明日の締め切りまでにもっと良いプランを考え出さなければ。
B みんなで知恵を絞って考え出そう。

ワンポイントアドバイス 「よく考えてみるとやはり私が間違っていました」は、On reflection, I must admit I was wrong.

使えるイディオム 9 　CD2-45

turncoat

裏切り者

直訳すると
裏返しのコート

類義語
betrayer

なぜ？がわかるPoint! コートをひっくり返す行為が、寝返って敵側へ行ったイメージと重なり、成立したイディオムです。政治の世界では、政党や派閥の所属などを「鞍替え（くらが）え」した人についても使います。

A Bob was hired by our competitor yesterday.
B I see, so he's a turncoat.

A ボブが昨日競合会社に引き抜かれた。
B なるほど。彼は裏切り者だね。

ワンポイントアドバイス 「裏切り者」は口語では他に double-crosser。informer と言えば「密告者」。

使えるイディオム 10 　CD2-45

keep one's shirt on

怒らないで落ち着いている

直訳すると
自分のシャツを脱がない

類義語
keep calm without getting mad

なぜ？がわかるPoint! かつてはシャツが高価でした。そのため、喧嘩をする時はシャツを脱ぐ習慣がありました。だからシャツを着たままでいると、喧嘩をせず落ち着いているという意味のイディオムが生まれました。

A When will we arrive at the amusement park? Hurry!
B Hey! Keep your shirt on! We'll get there eventually.

A 遊園地にいつ着くの？　急いで！
B ちょっと！　怒らないで落ち着いてよ！　そのうち着くから。

ワンポイントアドバイス 「落ち着きなさい」は Calm down. や口語で Pull yourself together. と表現できます。

7 衣類

テーマ8　家屋・家具

使えるイディオム 1　CD2 46

hit home
実感させる

直訳すると
家を打つ

類義語
make one really feel something

なぜ？がわかるPoint! home は「家」で誰にとっても重要なところです。また、「ぐさりと、胸にこたえるほど」という副詞用法もあります。hit と組み合わさって「的中する、相手の痛いところを突く、実感させる」という表現になりました。

A What did you think about Bruce's retirement speech?
B I felt his words really hit home.

A ブルースの退職の挨拶についてどう思った？
B 彼の言葉は心を打ったよ。

ワンポイントアドバイス　「社会人の実感がわかない」は It hasn't really hit me yet that I work for a certain company.

使えるイディオム 2　CD2 46

hit the ceiling
激怒する

直訳すると
天井を打つ

類義語
get really mad

なぜ？がわかるPoint! 非常に怒っている状況について「怒髪天を衝く」と表す日本語がありますね。英語の場合は、hit the ceiling（天井を衝く）と言います。怒りが天井に達している感じが表れているイディオムです。

A What did your mother say when she found out you failed the exam?
B She hit the ceiling when I told her.

A あなたが試験に落ちたとお母さんが知ったとき、何て言った？
B ぼくが話したとき激怒したよ。

ワンポイントアドバイス　同じ意味で「怒りが屋根に達する」というのもあります。→ hit the roof（激怒する）

使えるイディオム 3 CD2-47

shout from the rooftops

声を大にして言う

直訳すると
屋上から叫ぶ

類義語
really want to tell something to others

なぜ？がわかるPoint! 何かものすごく主張したいことがあったら、屋根の上から叫ぶのが効果的かもしれません。そんな屋根から叫ぶイメージから生まれたイディオムです。「世間に吹聴（ふいちょう）する」と訳せる場合もあります。

A Woah! You're really excited huh?
B I want to shout from the rooftops I'm so happy.

A わあ！　すごく興奮しているんじゃない？
B とても幸せって声を大にして言いたいわ。

ワンポイントアドバイス　「彼は自分のことを億万長者だと吹聴している」は He advertises himself as a billionaire.

使えるイディオム 4 CD2-47

show the door

辞めてもらう

直訳すると
ドアを見せる

類義語
make someone quit his or her company

なぜ？がわかるPoint!「ドアはこちらだからどうぞ出て行ってください」とドアの位置を示すことは、あなたはもう要らないということを暗示します。この行為がそのまま解雇することを意味するようになりました。

A Did you decide whether or not to fire Bob for his chronic tardiness?
B Yes, I finally decided to show him the door.

A 慢性的な遅刻を理由にボブを解雇するかどうか決めた？
B ああ。彼には退職してもらうことにやっと決めたよ。

ワンポイントアドバイス　関連イディオム → shut the door in someone's face（人を相手にしない）

8 家屋・家具

使えるイディオム 5 CD2 48

a hole in the wall

狭い空間（食堂、狭くるしい店）

直訳すると
壁の穴

類義語
a very small place for eating

なぜ？がわかるPoint! 日本語には狭い場所を「猫の額」という表現があります。英語では「壁の穴」と表します。特に、狭苦しい店を意味します。

A There's this hole in the wall down the street with great food. Want to go?
B Sure, let's meet after work.

A この先においしい料理がある狭苦しい店があるんだ。行きたい？
B もちろん。仕事の後に会おう。

ワンポイントアドバイス 隅々も hole で→ search every hole and corner for the suspect（くまなく容疑者を捜索する）

使えるイディオム 6 CD2 48

a pillar of strength

惜しみなく支援し励ましてくれる人

直訳すると
力の柱

類義語
a person or company that supports one

なぜ？がわかるPoint! 日本語には「大黒柱」という表現があり、「柱」は頼りになる人を表す場合があります。英語にも同様の表現があります。a pillar of strength です。「重い屋根を支える」（support）で「支援し励ましてくれる人」という意味になります。

A Our company has been a pillar of strength in this community for years now.
B It's good to know we work for such an important and secure company.

A 我が社は何年もの間この地域で惜しみなく支援してきたんだ。
B 我々がそのような重要で安定した会社で働いていると知ることは良いことです。

ワンポイントアドバイス the breadwinner（稼ぎ手）、the mainstay（頼みの綱）もよく使います。

使えるイディオム 7　CD2 49

eat someone out of house and home
家も財産も食いつぶす

直訳すると
家と家庭から出た人を食べる

類義語
make someone very poor

なぜ？がわかるPoint!　直訳すると変な意味ですが、「（主語が）食べて、someone が out of house and home の状態になる」という発想のもと、生まれた表現です。シェークスピアの歴史劇『ヘンリー4世第2部』に出てきます。

A We won't invite so many people for Christmas dinner next year.
B Yeah, they just about ate me out of house and home.

A 来年はクリスマスのディナーにあまり大勢招待しないでおこう。
B そうだね。財政を食いつぶされるからね。

ワンポイントアドバイス　「食いつぶす」は run through one's fortune とも表現できます。

使えるイディオム 8　CD2 49

down the drain
無駄に使われて

直訳すると
下水に流して

類義語
wasted

なぜ？がわかるPoint!　日本語では「お金をどぶに捨てる」と言います。他方、英語では「お金を下水に流す」と表現します。無駄遣いを強調するイディオムです。日本語の「水の泡」という表現もイメージが近いですね。

A Well there goes my salary down the drain again.
B You really have to try saving money and not spending it so quickly.

A ああ、また給料を無駄遣いしてしまうよ。
B 君は本当にお金を貯めて、そんなに早く使ってしまわないようにすべきだよ。

ワンポイントアドバイス　「我々の努力は全部水の泡になったよ」→ All our efforts went down the drain.

使えるイディオム 9 CD2 50

a skeleton in the closet
家族の秘密

直訳すると
押入れの頭蓋骨

類義語
a secret in the family

なぜ？がわかるPoint! 何の苦労もないと思われていた婦人が、実は戸棚の中に置いてある骸骨に毎晩キスをするように夫から命じられていたという話に由来するイディオムで、「身内の恥、家族の秘密」の意味です。a skeleton in one's closet の表現でもOK。

A **What do you think of the guy running for mayor?**
B **He seems like the kind of guy who has a few skeletons in his closet.**

A 市長に立候補している男のことをどう思う？
B 人に知られたくないことが少しありそうな感じの男だな。

ワンポイントアドバイス 同じ意味を a skeleton in the cupboard で、また簡単に family skeleton でも表せます。

使えるイディオム 10 CD2 50

on the edge of one's seat
わくわくしながら見守って

直訳すると
自分の席の端にいて

類義語
watch something with excitement

なぜ？がわかるPoint! 座ってスポーツを観戦するとき、必死になってくると椅子から身を乗り出しますね。そうすると、きちんと座らずに「自分の席の端にいる」(on the edge of one's seat) 状態になります。そこから、「わくわくして見守る」という意味になりました。

A **That movie was so thrilling!**
B **I agree! It had me on the edge of my seat from start to finish.**

A あの映画スリル満点だったぜ！
B 同感だわ！ 最初から最後まで夢中になって見ていたわ。

ワンポイントアドバイス 「わくわく」は bubble(泡立つ) でも → I was bubbling with expectation. (わくわくして期待していました)

テーマ9 気持ち

使えるイディオム 1　CD2-51

puppy love

幼い恋

直訳すると
子犬の恋

類義語
a feeling of love when young

なぜ？がわかるPoint! puppy は「子犬」の意味で、幼さを連想させます。puppy love とは幼い恋、純情な恋を意味します。calf（子牛）も幼いので、calf love と言うこともあります。

A I ... I think I love him.
B It could be puppy love.

A か、かれのこと好きだと思うわ。
B 幼い恋かもしれないね。

ワンポイントアドバイス　love of puppies（子犬に対する愛情）、puppy-loving（子犬が好きな）

使えるイディオム 2　CD2-51

second nature

習性

直訳すると
第2の性質

類義語
behavior

なぜ？がわかるPoint! nature は「自然」や「本性」の意味を持ちます。これに second（第2の）がつくと、「ほとんど本性と言ってもいいほどのもの」の意味となり、日本語では「習性」と訳せます。

A Does he always have to crack jokes during board meetings like that?
B It's in his second nature to tell jokes during serious situations.

A 彼はいつもあんな風に重役会議で冗談を言わないと気が済まないのかい？
B 深刻な状況で冗談を言うのは彼の習性なのよ。

ワンポイントアドバイス　「板につく」も second nature で。→ My English has become second nature.（英語が板についてきた）

使えるイディオム 3　CD2-52

cross one's mind

心に浮かぶ

直訳すると
自分の心を横切る

類義語
flash across one's mind

なぜ？がわかるPoint! 「過る」と書いて「よぎる」という日本語がありますが、これは「前を横切る」という意味から「頭に浮かぶ」という意味も生じています。同じような発想が英語にもあり、英語では「知的な心」(mind)を横切ると発想します。会話例のMSGとは「グルタミン酸ソーダ」のこと。

A **It has never crossed my mind that some salad dressings in Japan contain MSG.**
B **You never thought about it before?**

A 日本のサラダドレッシングの中にはMSGが入っているものがあるなんて思ってもみなかったわ。
B それを考えたこともなかったの？

ワンポイントアドバイス 人が主語ならhit upon。→ She hit upon a good idea.（彼女は面白い考えを思いついた）

使えるイディオム 4　CD2-52

out of one's mind

気が狂っている

直訳すると
自分の心から出ている

類義語
mad、crazy

なぜ？がわかるPoint! 心には「知的な心」(mind)と「情的な心」(heart)の2種類がありますが、自分自身が知的な心から外に出ている状態(out of one's mind)は、もはや知的ではないので「気が狂っている」と発想します。

A **Alright, let's walk to Tokyo from Osaka. The train is too expensive.**
B **Are you out of your mind? It's way too far for walking.**

A よし。大阪から東京まで歩いて行こう。電車は高すぎる。
B 君、気は確かなの？ 歩くには遠すぎるよ。

ワンポイントアドバイス 似た表現に注意。→ go out of one's mind（気が狂う）、go out of someone's mind（人から忘れられる）

使えるイディオム 5 CD2-53

give someone a piece of one's mind
厳しくとがめる

直訳すると
人に自分の心の一部を与える

類義語
blame someone harshly

なぜ？がわかるPoint! one's mind は「知的な心＝頭」の中で考えていることを表せます。その一片（piece）を与えるというのが直訳です。しかし a piece of …の表現は「ちょっと言わないといけないこと」すなわち「小言」の意味を持ちえます。さらに「激しい非難」の意味に発展しました。

A I'm going to give her a piece of my mind for what she did.
B Did she delete some important files from your PC again?

A 彼女がしたことについて一言文句を言ってやろうと思うんだ。
B また、彼女、君の PC から重要なファイルを消したのかい。

ワンポイントアドバイス　「とがめ」の ABC → accuse P of Q、blame P for Q、charge P with Q（P を Q のことでとがめる）

使えるイディオム 6 CD2-53

bare one's soul
打ち明ける

直訳すると
自分の魂をむき出しにする

類義語
confess to someone

なぜ？がわかるPoint! bare は「裸の」「むき出しになった」という意味の形容詞です。「露にする」という動詞の用法もあります。soul は「魂」だから、bare one's soul で「魂を露にする」ということです。その表現が「打ち明ける」という意味を持つようになりました。

A How did your date go last night?
B She bared her soul to me.

A 昨日の夜のデートはどうだった？
B 彼女、ぼくに心を打ち明けてくれたんだ。

ワンポイントアドバイス　bare foot は「裸足」。bare hand は「素手」、bare head（むき出しの頭）は「無帽の頭」。

使えるイディオム 7 （CD2 54）

if the spirit moves
その気になれば

直訳すると
その霊が誰かを感動させるなら

類義語
only if he/she wants to

なぜ？がわかるPoint! move ... には「…を感動させる」の意味があります。the spirit は「精神」とか「霊」のこと。「霊的なものが人を感動させるなら」が、「その気になれば」や「気が向けば」という意味に転じました。

A My son never helps me wash the dishes.
B Mine too. He only helps if the spirit moves him.

A うちの息子、お皿洗いを手伝ってくれないのよ。
B うちもさ。その気になったときだけ手伝ってくれるけど。

ワンポイントアドバイス 「気が向く」は the fancy takes someone（空想が人を取る）で表せます。

使えるイディオム 8 （CD2 54）

That's the spirit.
その意気だ。

直訳すると
それが精神だ。

類義語
That is what is needed.

なぜ？がわかるPoint! the spirit は「その精神」が直訳です。しかし、「そうあるべきであること」から「すべきこと」へと意味が展開し、that is と結びついて、「それこそすべきことだ」の意味を表すようになりました。「そうこなくっちゃ」「その調子」「その意気だ」という激励を表します。

A I'm going to work twice as hard now that my wife is pregnant.
B That's the spirit!

A 妻が妊娠したからには2倍熱心に働くつもりだよ。
B その意気だ！

ワンポイントアドバイス That's the idea. も That's the stuff. も「その調子」「その意気だ」の意味です。

使えるイディオム 9 CD2 55

That's a weight off my mind.

気が楽になった。

直訳すると それは私の心から外れた錘だ。

類義語 That makes me feel at ease

なぜ？がわかるPoint! 「心の重荷を軽くする」とか「胸のつっかえが取れる」とかいう表現が日本語にあります。a weight off my mind はそんな共通する感覚を持つイディオムです。英語では「知的な心（mind）から錘が取れる（a weight off）」と発想します。

A Did you hear? Our exam has been canceled.
B Now, that's a weight off my mind.

A 聞いた？ 試験がキャンセルになったんだって。
B それなら気が楽になったよ。

ワンポイントアドバイス 思っていることを喋る→ say what one is thinking、speak one's mind

使えるイディオム 10 CD2 55

the nature of the beast

避けられないこと

直訳すると 野獣の性質

類義語 unavoidable nature

なぜ？がわかるPoint! 基本的性質は変えようと思っても変えることができないもので、そのような変えることのできないマイナスイメージの性質について、このイディオムが用いられます。beast（野獣）がマイナスイメージを象徴しています。

A Politics is so cutthroat sometimes.
B It's the nature of the beast.

A 政治は時にとても残酷だ。
B それは避けられないことだよ。

ワンポイントアドバイス 似た表現をもう一つ。→ That is in his nature.（それがあいつの本性だ）

9 気持ち

テーマ10　道具

使えるイディオム 1　CD2 56

have a screw loose

ちょっと変である

直訳すると
ネジが緩んでいる

類義語
be a little strange

なぜ？がわかるPoint! 「ネジ（screw）がゆるく（loose）なっている」→「物事がうまくいかない」→「おかしくなってしまった」と、ネジの緩みの連想から、このように意味が発展しました。

A Do you have a screw loose or something? You only shaved half your face today!
B What? Really? Oh no!

A どうかしちゃったの？　今日は顔の半分しかひげをそっていないわよ！
B えっ？　本当に？　しまった！

ワンポイントアドバイス have a screw missing（一つネジが足りない）も同様の意味。→ He has a screw missing.

使えるイディオム 2　CD2 56

out of the frying pan into the fire

一難去ってまた一難

直訳すると
フライパンから出て火の中へ

類義語
(It's been) one misfortune after another

なぜ？がわかるPoint! フライパン（frying pan）の中にいたら熱くて大変で、そこから逃れられた（out）と思ったら次の瞬間、火の中に飛び込んでしまった（into fire）という状況は、「一難去ってまた一難」という意味を表しています。

A I was let off lightly by my manager but now a client make complaints about my performance.
B Out of the frying pan and into the fire, huh?

A ぼくは部長に大目に見てもらったんだ。でも今あるクライアントがぼくの仕事ぶりに苦情を言ってよこしているんだ。
B 一難去ってまた一難ね。

ワンポイントアドバイス 他に One misfortune followed close on the heels of another（1つの不幸の足元から別の不幸が来た）

使えるイディオム 3　CD2 57

a greasy spoon

安い食堂

直訳すると
油の付いたスプーン

類義語
small cheap diner

なぜ？がわかるPoint!　揚げ物料理を主に出す安くて小さな食堂のことを言います。揚げ物はもちろん、スプーンまでもが脂（あぶら）っこい（greasy）と連想したのです。（あるいは実際にそうであったから）

A I really feel like gyoza all of a sudden.
B I know a greasy spoon near the station that has cheap and delicious gyoza.

A 突然餃子を食べたい気分になったよ。
B 安くておいしい餃子が食べられる食堂が駅の近くにあるのを知っているわ。

ワンポイントアドバイス　動物性の脂は fat、植物性の油は oil。→「脂っこい」（動物性）は fatty、「油っこい」（植物性）は oily。

使えるイディオム 4　CD2 57

a real dish

すごい美人

直訳すると
本当のお皿（料理）

類義語
a very beautiful woman

なぜ？がわかるPoint!　「これぞ本物の料理（a real dish）だ」という料理は、望ましいものですね。「絶世の美人」も同じく望ましいものであるという発想でしょうか。なお、「かわいい娘」は a peach と言えます。She is really a peach.

A What do you think of the new anchorwoman?
B I think she's a real dish. She's absolutely gorgeous.

A 新しいアナウンサーのことどう思う？
B すごい美人だと思うよ。彼女はものすごく華やかだ。

ワンポイントアドバイス　She is really a lemon. というと「レモンのように爽やかな女性」という意味ではなく、「本当に魅力がない」。

10 道具

使えるイディオム 5 CD2 58

in one's cups

酔って

直訳すると
カップに入って

類義語
drunk

なぜ？がわかるPoint! 17世紀くらいに使われ出した表現です。「自分のカップで」(in one's cups) お酒を飲んでいる状態を意味していました。後に「酔った」を意味する表現となりました。

A He told me I'm an unreliable partner and I should quit.
B Don't worry. He always talks like that when he's in his cups.

A 彼はぼくに頼りにならないパートナーだって言ったから、辞めた方がよさそうだ。
B 心配しないで。彼はいつも酔ってそんな言い方をするのよ。

ワンポイントアドバイス 酔っている状態を表す表現→ drunk as a skunk「スカンクのように（匂うほど）飲んで」

使えるイディオム 6　CD2 58

bite the bullet

（歯を食いしばって）立ち向かう

直訳すると
弾をかじる

類義語
confront hardship

10 道具

なぜ？がわかるPoint! 1770年代、戦争で負傷した兵士に弾丸を噛ませて手術を行ったことに由来するイディオムです。弾丸は鉛でできていたので、力いっぱい噛んでも歯は欠けなかったのです。このことから、「歯を食いしばって立ち向かう」という意味になりました。 Ⓐの a hard sell とは「売り込むのが難しい人」。

Ⓐ This next customer is known to be a hard sell.
Ⓑ Let's bite the bullet and try our best.

Ⓐ この次のお客さんは売り込みが強引な（強引でないといけない）ことで知られているんだ。
Ⓑ ひるまないで、頑張りましょう。

ワンポイントアドバイス　「人に立ち向かう」は stand up to someone、「ことに立ち向かう」は fight against something。

使えるイディオム 7 (CD2 59)

bury the hatchet
和解する

直訳すると
手おのを埋める

類義語
compromise

なぜ？がわかるPoint! ネイティブアメリカンの部族間の紛争が終わると、酋長は手おの（hatchet）を地中に埋めたという慣習に由来するイディオムです。

A I know you've wronged me in the past, but today I want to bury the hatchet.
B Thank you for your kindness. Let's try to get along from now on.

A 君は確かに昔ぼくにひどい扱いをしたけど、今日は和解したいと思っているんだ。
B あなたの厚意に感謝するよ。これからは仲良くしよう。

ワンポイントアドバイス 「加害者と被害者は和解した」は The wrongdoer and the injured party arrived at a compromise.

使えるイディオム 8 (CD2 59)

jump the gun
早まったことをする

直訳すると
銃に飛びつく

類義語
be forward、be too far ahead

なぜ？がわかるPoint! 陸上競技でピストルが鳴らないうちに飛び出す（＝フライングする）ことを jump the gun と言ったことに由来するイディオム。後に「先走る、早まったことをする」というスポーツ以外でも使える表現になりました。なお、今でも「フライングする」は jump the gun で表せます。

A He began the meeting with his presentation and completely forgot to introduce himself.
B It seems like he jumped the gun.

A 彼は会議をプレゼンから始めてしまって自己紹介するのを全く忘れていたんだ。
B 早まったことをしたようね。

ワンポイントアドバイス 「フライング」は英語ではなく、正式には a premature start（または a breakaway）です。

使えるイディオム 9 CD2-60

look daggers at
睨(にら)み付ける

直訳すると
人を短剣的に見る

類義語
stare at someone

なぜ？がわかるPoint! look には「…を顔で表す」のという用法があります。一方、daggers（短剣）からは「短剣」→「鋭い」→「敵意」と連想できます。「敵意を顔に出し、人を見る」、つまり、「睨(にら)む」の意味になりました。

A Why are you looking daggers at me?
B You just ordered the most expensive item on the menu without asking me if it's alright.

A あなたはなぜ私を睨み付けているの？
B 君はぼくにいいかどうか聞かずに、メニューの一番高い料理を頼んだだろう。

ワンポイントアドバイス look の「…を顔で表す」の用法。→ She looked her sadness.（彼女は悲しみの表情を浮かべた）

使えるイディオム 10 CD2-60

a chink in one's armor
人の弱点

直訳すると
自分の鎧(よろい)の裂け目

類義語
a person's shortcoming

なぜ？がわかるPoint! chink は「裂け目」、armor は「鎧(よろい)」の意味です。イディオム全体で「鎧の裂け目」という意味になり、戦いでは致命傷ですね。そこから「（人の）弱点」という意味が発展しました。

A Seems that Paul isn't so perfect after all.
B You found a chink in his armor?

A ポールはやはりそんなに完璧ではないようだね。
B 彼の弱点を見つけたの？

ワンポイントアドバイス Aの会話で seems that ... とありますが、正しくは it seems that ... です。しかし口語では it は省略可能。

テーマ11　天体・天候

使えるイディオム 1　CD2 61

promise the moon
守れない約束をする

直訳すると
月をあげると約束する

類義語
promise something impossible

なぜ？がわかるPoint!　promise the moon は「月を約束する」、つまり、元来「月をあげると約束する」の意味でした。この意味が一般化して「守れない約束をする」「無駄な努力をする」という意味になりました。

A I'll buy you an enormous house someday and we will retire in luxury.
B Don't go promising me the moon just yet.

A いつか大きな家を買って贅沢な隠居生活を送ろう。
B 守れない約束はまだしないでよ。

ワンポイントアドバイス　one's word は「誓った言葉」の意味。a man of his word と言うと「約束を守る人」。

使えるイディオム 2　CD2 61

reach for the stars
実現不可能なことを企てる（大望を抱く）

直訳すると
星を取ろうと手を伸ばす

類義語
plan to do something impossible to carry out

なぜ？がわかるPoint!　reach for ... で「…に手を伸ばして取ろうとする」の意味。しかし星を取るなどは不可能なことです。だから「実現不可能なことをする」または「大望を抱いている」という意味に発展しました。

A She's taking extra courses at night and working hard every day to make a good impression.
B It's just like her to reach for the stars.

A 彼女は夜の特別コースを受講しながら、毎日一生懸命働いて、印象が良くなるようにしているよ。
B 困難なことをやろうとしているところが彼女らしいわね。

ワンポイントアドバイス　reach ... で「…に着く」、reach for ... で「…を取ろうとする」、reach to ... で「…に届く」

使えるイディオム 3 [CD2 62]

once in a blue moon

めったにない

直訳すると
青い月のときに1度

類義語
very rarely、seldom

なぜ？がわかるPoint! アメリカの農業暦によると、約2.5年に1回 Blue Moon があるとされます。2.5年に1回の、つまり「めったにない」Blue Moon に由来するイディオムです。

A How often do you eat steak?
B Only once in a blue moon. I prefer fish and vegetables.

A どのくらいの頻度でステーキを食べるの？
B めったにないよ。魚とか野菜の方が好きなんだ。

ワンポイントアドバイス hardly は程度、seldom は頻度 → hardly understand（殆ど分からない）、seldom go（殆ど行かない）

使えるイディオム 4 [CD2 62]

on cloud nine

この上なく幸せ

直訳すると
第9番目の雲に乗って

類義語
very happy

なぜ？がわかるPoint! cloud seven が本来最上の天界（＝喜びの天）を表していました。しかし、次第に cloud seven のかわりに cloud nine という表現が定着します。三位一体を表す3を二乗した9は完全なる数と考えられるからです。そうして、on cloud nine が「この上ない幸せ」を表すようになりました。

A Ever since my team won the tournament, I've been on cloud nine.
B It feels good to be the winner, doesn't it?

A ぼくのチームが大会で優勝して以来とっても幸せだよ。
B 勝者になるって気分のいいことでしょう？

ワンポイントアドバイス 日本語でも天にも昇る幸せと言いますが、これは他に on top of the world と表現できます。

11 天体・天候

使えるイディオム 5 CD2 63

steal someone's thunder

先を越す

直訳すると
人の雷を盗む

類義語
outwit someone

なぜ？がわかるPoint! thunder は「雷」です。そのインパクトから怒りや主張を意味します。その「怒りや主張を盗む」ということから、「人のお株を奪う」「先を越す」、さらには「人を出し抜く」などの意味に発展しました。

A I thought I made a good speech at the wedding, but the one after me was so much better than mine.
B So the speaker after you stole your thunder, huh?

A 私は結婚式でいいスピーチをしたと思っていたんだけど、後の人の方が私のよりずっと良かったの。
B 君の後にスピーチした人が君を出し抜いたってわけだね？

ワンポイントアドバイス run away with someone's thunder (人の雷を持って逃げる) とも言えます。

使えるイディオム 6 CD2 63

have stars in one's eyes

夢を見る心地になる

直訳すると
目の中に星がある

類義語
be filled with happiness

なぜ？がわかるPoint! stars は「星」ですね。夢を見ているような状況が、星をじっと見ている(have stars in one's eyes)という言葉で表せます。恋愛などで「目がくらむ、うっとりする気持ち」を表現します。

A You've had stars in your eyes since you first saw him.
B What can I say? I think he's the greatest guy I've ever met.

A 君は彼を初めて見たとたん夢見心地になったんだね。
B 何て言えばいいの？ 彼は私が今まで会った中で一番すてきだと思うわ。

ワンポイントアドバイス get stars in one's eyes という表現は、目から星の光が出ているイメージで「目を輝かせる」の意味。

使えるイディオム 7 　CD2-64

thank one's lucky stars
運が良くてありがたいと思う

直訳すると
幸運の星に感謝する

類義語
feel thankful for being fortunate

なぜ？がわかるPoint! 昔の人たちは、星が正しい配列になったとき幸運が訪れると考えていました。そして、実際に幸運が訪れたときには、星に感謝をしていました。この習慣がイディオムの起源です。正しい配列になった星全体に感謝をしていたので stars と複数形になっています。

A I often thank my lucky stars I am able to have such a reliable partner.
B Thank you so much for the kind words.

A こんなに信頼できるパートナーがいてくれて、ぼくはよく幸運に感謝しているんだ。
B 優しい言葉をかけてくれてうれしいわ。

ワンポイントアドバイス thankfulは自分の幸運に対して感謝するとき、gratefulは人の行為に対して感謝するときに用いられます。

使えるイディオム 8 　CD2-64

not have a snowball's chance in hell
全く見込みがない

直訳すると
地獄で雪だるまの機会がない

類義語
have no chance of doing ...

なぜ？がわかるPoint! snowball は「雪だるま」ですね。雪だるまは地獄では溶けるだろうという発想が起源のイディオムです。「地獄で雪だるまが溶ける機会（chance）がない」ということから、一般に「まったく見込みがない」という意味を表すようになりました。

A There's not a snowball's chance in hell I'm going to eat liver.
B You really don't like it?

A ぼくがレバーを食べるようになる見込みは全くないんだ。
B あなた、本当に好きじゃないのね？

ワンポイントアドバイス 西洋の雪だるまは頭と胴体と足の3つから成っているものもあります。

11 天体・天候

使えるイディオム 9 CD2 65

chase rainbows

実現困難な目標を持つ

直訳すると
虹を追いかける

類義語
seek for something hard to carry out

なぜ？がわかるPoint! 虹（rainbow）は、綺麗な自然現象ですが、「現れては消えるもの」という要素も持っています。そこから、「実質的に残らないもの」→「不可能なこと」と連想され、chase（追い求める）と結びつき、イディオムが成立しました。

A Do you think I have what it takes to be a nuclear physicist?
B With your poor math skills? No, you'd be chasing rainbows.

A ぼくは原子（核）物理学者になるために必要な素質を持っていると思う？
B あなたの低い数学の能力で？ 無理だよ。不可能なことを追い求めているだけだよ。

ワンポイントアドバイス 「虹の7色」は外側から順に、red, orange, yellow, green, blue, indigo, violet。

使えるイディオム 10 CD2 65

up a storm

とことん、思う存分

直訳すると
嵐の上へ

類義語
thoroughly

なぜ？がわかるPoint! up は eat up（平らげる、全部食べる）に見られるように「完全性」を表します。storm は「嵐」という意味から「エネルギー」を連想し、この2つが結びつき、「とことん、思う存分、盛んに」を意味するイディオムが成立しました。

A My wife shouts up a storm every time I come home smelling like alcohol.
B Mine gets mad at me too if I drink too much at night.

A ぼくが酒臭くなって帰ってくるたびに、妻はとことん大声で叫ぶんだ。
B ぼくの妻もぼくが夜飲みすぎたら怒るよ。

ワンポイントアドバイス talk up a storm（とことん語り合う）、dance up a storm（存分にダンスをする）など動詞と結びつきます。

テーマ12 自然

11 天体・天候

12 自然

使えるイディオム 1 　CD2 66

make a mountain out of a molehill
大げさに考える

直訳すると
モグラ塚で山を作る

類義語
regard something small as very big

なぜ？がわかるPoint! 直訳すると「モグラ塚で山を1つ作る」です。モグラ塚は山と比べて比較にならない程小さいですね。ここから「大げさに考える」の意味が出てきました。この表現で、日本語の「針小棒大」のニュアンスも表わすことができます。

A Are you serious that he's threatening to call the police.
B Yeah, he's really making a mountain out of a molehill here.

A 彼は警察に電話すると脅したって本当？
B 彼は本当に大げさに考えるのね。

ワンポイントアドバイス She always makes mountains out of molehills. は「彼女はいつも針小棒大に言う」の意味。

使えるイディオム 2 　CD2 66

over the hill
もう若くない

直訳すると
その丘を越えている

類義語
not so young now

なぜ？がわかるPoint! 日本語でも「山場」や「峠」という表現があるように、英語では同じニュアンスを hill で表します。「全盛期や、青春を過ぎて、もう若くない」を意味すると同時に、「(病気が) 峠を越えて、快方に向かって」も意味します。

A Now that I'm over the hill, it's becoming more difficult to meet cute girls at clubs.
B Maybe you should color your gray hairs.

A もうぼくは若くはないから、クラブでかわいい女の子と出会うのは難しくなってきているよ。
B 白髪を染めた方がいいんじゃない？

ワンポイントアドバイス 「さすがの彼も年には勝てなかった」は Age began to tell on him at last. と表現できます。

使えるイディオム 3　CD2 67

直訳すると
川を下って人を売る

類義語
betray、double-cross

sell someone down the river

あざむく

なぜ？がわかるPoint! 昔、ミシシッピー川上流の農場主が、必要のなくなった奴隷を、裏切るような形で、下流の農園に売り払ったことに由来します。だから down the river（川を下って）が用いられています。

A **My friend sold me down the river the other day.**
B **He betrayed you?**

A この前、友達がぼくを裏切ったんだ。
B 彼があなたを裏切ったの？

ワンポイントアドバイス　「裏切り」でもう一つ。→ I never thought she would play me false.（彼女が私を裏切るとは思わなかった）

使えるイディオム 4　CD2 67

直訳すると
川上へ人を送る

類義語
send someone to prison

send someone up the river

刑務所へ送る

なぜ？がわかるPoint! 昔、囚人（しゅうじん）がニューヨーク市からハドソン川上流のシンシン刑務所に送られたことに由来するイディオムです。先に見た down the river で「裏切り」、up the river で「刑務所送り」です。

A **Why did he have to go to prison?**
B **They sent him up the river for embezzling his company's funds.**

A 彼はなぜ刑務所に行かなければならなかったの？
B 会社の資金を横領したから刑務所に送られたんだ。

ワンポイントアドバイス　横領は管理を任された金を盗む罪、窃盗 (theft) はこっそり盗む罪、詐欺 (fraud) は金を騙（だま）して取る罪。

使えるイディオム 5 CD2 68

go jump in a lake
さっさと消える

直訳すると
湖に飛び込みに行く

類義語
go away quickly

なぜ？がわかるPoint! 「ある人を嫌っていてその人がどこかへ行ってほしい」と発想するとき、欧米人は lake（湖）が最適の場所と考えるようです。その湖に飛び込んでくれれば、もう出会うことはないと感じるからでしょう。

A My colleague keeps following me around and asking me questions about my wife.
B Tell him to go jump in a lake.

A 同僚がぼくに付きまとって、妻のことについて聞いてくるんだ。
B あっちへ行けって彼に言えば？

ワンポイントアドバイス lake と pond（池）の違い→大きいほうが lake。ただし、小さくても天然なら lake。公園内の池も lake。

使えるイディオム 6 CD2 68

at sea
困って

直訳すると
海にいて

類義語
in trouble

なぜ？がわかるPoint! 海上では嵐にあったり座礁したりと困ることが多いのです。そこから「困って」という意味のイディオムが成立しました。at sea as to ... の形が多く用いられます。

A I'm at sea as to how to start this writing assignment.
B Take a break and clear your mind. I'm sure you'll figure it out.

A このレポートを書く課題をどうやって始めたらいいか困っているんだ。
B ひと休みして気持ちを整理すれば？ あなたなら何とかできると思うわ。

ワンポイントアドバイス at the sea のように the をつければ「海辺で」の意味。on the sea は「海上で、沿岸に」。

12 自然

使えるイディオム 7 (CD2 69)

an ocean of
莫大な

直訳すると
大海の

類義語
a large amount of

なぜ？がわかるPoint! 自然界で大きいものの代表といえば「山」と「海」の2つです。英語には、この2つを用いて「莫大な」の意味の表現があります。つまり a mountain of ...（山のよう［に大き］な…）と an ocean of ...（海のよう［に大き］な…）です。

A: I'm sorry but I can't meet you after work. I have an ocean of paperwork here.
B: Maybe some other time then.

A: 悪いけど、仕事の後君と会えないよ。事務処理がたくさんあるんだ。
B: そしたら、またの機会ということに。

ワンポイントアドバイス 日本語では莫大なことを「山ほど」と言っても「海ほど」とは言わないが、英語には「大海(an ocean)ほど」も。

使えるイディオム 8 (CD2 69)

like water off a duck's back
何の効果もない

直訳すると
アヒルの背中から水がはじけるように

類義語
causing no effect at all

なぜ？がわかるPoint! 「水がかかっても、アヒル（duck）は普段から慣れているので平気である」という習慣的事実と「アヒルの背の羽毛は油性で水をはじく」という科学的事実に由来するイディオムです。「苦言などが何の効果もない、カエルの面に水」という意味を表すようになりました。

A: I felt the criticism you received for that article was harsh.
B: I don't mind. It's like water off a duck's back.

A: あの記事に対してあなたが受けた批判は厳しいと思うよ。
B: 気にしてないよ。そんなの何の効果もないさ。

ワンポイントアドバイス よく似た like a fish out of water（水から出た魚のよう）は「落ち着かない」の意味。

使えるイディオム 9 CD2 70

go through fire and water

あらゆる危険を覚悟する

直訳すると
火と水を通っていく

類義語
be prepared for all sorts of dangers

なぜ？がわかるPoint! 水と火は危険を象徴する2大要素です。この中を通っていくことはあらゆる危険を冒すことを意味します。そこから、その覚悟をも意味するイディオムができあがりました。日本語でも「例え火の中水の中」という似た表現があります。発想が似ていますね。

A **He's a very reliable and persistent salesman.**
B **He'd go through fire and water to make the sale.**

A 彼はとても信頼できて粘り強いセールスマンね。
B 彼は売り込むためならあらゆる危険を冒すだろう。

ワンポイントアドバイス このイディオムはやや古風です。なお、go through fire だけでもOKです。

使えるイディオム 10 CD2 70

get wind of

(秘密を) 嗅ぎつける

直訳すると
…という風を得る

類義語
scent out

なぜ？がわかるPoint! wind (風) には、口語で「噂、予感、気配」などの意味があります。日本語の「風の便り」とほぼ同じ発想ですね。get wind of ... は「…という噂を得る」となります。そこから「(秘密や陰謀などを) 嗅ぎつける」という意味のイディオムが成立しました。

A **I got wind of your transfer.**
B **Oh, you heard about that.**

A あなたの転勤の噂を耳にしたわ。
B ああ、その話聞いていたんだね。

ワンポイントアドバイス The wind of revolution is rising. と言えば「革命の兆しが見えてきている」(=すぐ革命が起こりそう)

テーマ13 お金・時間

使えるイディオム 1 CD2-71

rolling in money

大金持ちで

直訳すると
お金が転がり込んでいる

類義語
have a huge amount of money

なぜ？がわかるPoint! roll は基本的には「転がる」の意味です。「転げる」→「ごろごろする」→「裕福」の順に意味が連想され、in money（札束に包まれて）と一緒に用いて「大金持ち」を表すイディオムとなりました。

A Is he rich? He's always buying new sports cars.
B Yes, he's rolling in money.

A 彼はお金持ちなの？ いつも新しいスポーツカーを買っているよね。
B ああ、彼は大金持ちさ。

ワンポイントアドバイス 「大金持ちである」のユニークな表現→ have a mint of money（造幣局を持っている）

使えるイディオム 2 CD2-71

on the money

まさに適切で

直訳すると
お金にぴったり接して

類義語
just great、perfect

なぜ？がわかるPoint! 昔、アーチェリーで的の中心にコインを使っていたことに由来します。的中するとお金に当たることから on the money が「まさに適切」を意味するようになりました。right on the money と言う風に right（まさに）をつけて「完璧」のニュアンスを含みます。

A My prediction was right! The Red Sox won the Series!
B Yup, you were right on the money.

A 私の予想は合っていたね！ レッドソックスがシリーズで優勝したわよ！
B ああ、君の予想は的中したな。

ワンポイントアドバイス at the money は「その値では」、in the money は「お金持ちで」の意味。

使えるイディオム 3　CD2-72

for one's money

(…に) 言わせれば

直訳すると
自分のお金と引き換えて

類義語
in one's opinion

なぜ？がわかるPoint!　そのまま解釈すれば「これから自分のお金をもらうために」または「自分のお金と交換に」の意味になります。そこで「お金が動く」→「何かを起こさなければならない」→「意見を述べる」と意味が変容しました。

A **Which restaurant is best for tomorrow's dinner party?**
B **For my money I'd say the Italian restaurant.**

A 明日のディナーパーティーにはどのレストランがいいかな？
B 私に言わせれば、イタリアンレストランがいいわ。

ワンポイントアドバイス　基本的に話者の意見を表明するときに用いられるので、for my money の形が普通です。

使えるイディオム 4　CD2-72

have money to burn

金が有り余っている

直訳すると
燃やすお金がある

類義語
have too much money with

なぜ？がわかるPoint!　「燃やすためのお金を持っている」ということは「燃やしてももったいなくないくらい大量にお金を持っている」ということで、「金が有り余っている」を意味します。

A **The shops are a bit pricey, aren't they?**
B **I have money to burn so I don't mind.**

A お店がちょっと高くない？
B お金はいくらでもあるから気にしないわ。

ワンポイントアドバイス　実際にお金を燃やすと、合衆国法典 333 編第 18 条に触れますから要注意。

使えるイディオム 5　CD2 73

get one's money's worth
元を取る

直訳すると
自分のお金の価値を得る

類義語
worth the money one spends

なぜ？がわかるPoint! 文字通り「自分が使ったお金（one's money）の価値（worth）を得る（get）」というイディオムです。日本語では「元を取る」に当たります。

A **That veal was delicious.**
B **Even though it was expensive, we certainly got our money's worth.**

A あの子牛肉おいしかったわ。
B 高かったけど、確かに元を取ったね。

ワンポイントアドバイス It was worth every penny（それは［支払った］全てのペニーの価値があった）も「元を取った」。

使えるイディオム 6　CD2 73

at bottom dollar
最低価格で

直訳すると
底値のドルで

類義語
at the lowest price

なぜ？がわかるPoint! bottom dollar は最低の値段を意味します。日本語でも「底値」といいますね。なお、最後の（そして最低額の）ドルを賭けるという bet one's bottom dollar というイディオムは「絶対…だ」を意味します。

A **This car is priced at bottom dollar.**
B **I'm very tempted to buy it considering it's so cheap.**

A この車、底値になっているわよ。
B すごく安いということを考えたら、とても買いたくなってきたよ。

ワンポイントアドバイス 反対の表現は at top dollar で「最高価格で」の意味です。

13 お金・時間

使えるイディオム 7 / CD2 74

two sides of the same coin

表裏一体

直訳すると
同じ硬貨の表と裏

類義語
different but closely related

なぜ？がわかるPoint! 「1つのものが2つの側面を持っていて、どちらもよく似ていること（あるいは同じこと）」を表現したい場合、英語圏ではコインを例にあげます。なお、アメリカ口語では between A or B も可能です。

A I want to enlist but I can't decide between the army or the navy.
B Well they are two sides of the same coin so either way you'll be serving your country.

A 入隊したいのだけど、陸軍か海軍のどちらかを決められないんだ。
B 表裏一体だから、どちらにしても国のために尽くすことになるわよ。

ワンポイントアドバイス The two are apparently different but fundamentally the same. （2つは見た目は違うが基本は同じ）

使えるイディオム 8 / CD2 74

foot the bill

勘定を支払う

直訳すると
勘定を踏み歩く

類義語
pay a bill

なぜ？がわかるPoint! foot に「（勘定を）支払う」の意味がありますが、これは勘定書きで合計額を一番下（foot の部分）に書くという習慣に由来します。日本語では、foot からの連想に「踏み倒す」があります。foot the bill で「勘定を踏み倒す」と勘違いする人がいますが、これは間違いです。

A I'll foot the bill for tonight's dinner.
B Thank you very much! I'll pay next time, though.

A 今夜の夕食の勘定を払うよ。
B どうもありがとう！　次は私が払うわ。

ワンポイントアドバイス 「勘定を支払う」は pick up the bill でもOKで、「勘定を踏み倒す」は bilk the bill。

157

使えるイディオム 9　CD2-75

two-time

裏切る

直訳すると
「2回」する

類義語
to be unfaithful to

なぜ？がわかるPoint! two-time の two は回数ではなく、人を表しています。文字通り「二回する」のではなく、日本語では「二股する」に近い表現です。「恋人や配偶者を裏切る、浮気する、不倫する」の意味です。裏切る人を目的語にして two-time a person の形で用います。

A I found out my husband was two-timing me.
B He was cheating on you?

A 夫が浮気していると分かったの。
B 彼があなたを裏切っているということ？

ワンポイントアドバイス　fling（放り投げる）に発音そっくりの「不倫」の意味あり→ She had her fling.（彼女は不倫した）

Time is on one's side.

時間的には余裕がある

直訳すると: 時間が自分の側にある

類義語: One has enough time to spare.

なぜ？がわかるPoint! 「自分の側に」（on one's side）にあるということは、「その人にとって有利であること」を暗示します。だから、「時間がその人の側にある」とは、「時間的に余裕がある」ことを意味します。

A Don't you think we should put more pressure on him in the negotiations?
B No, time is on our side. We can afford to wait this one out.

A 交渉のとき、彼にもっとプレッシャーをかけた方がいいんじゃない？
B いや、時間が味方してくれている。今回は待つ余裕があるよ。

ワンポイントアドバイス: have ... on one's side もよく使います。→ He has patience on his side.（彼には忍耐強さがある）

テーマ 14　音楽・スポーツ

使えるイディオム 1　CD2-76

face the music

責任を取る

直訳すると
音楽に直面する

類義語
be willing to take responsibility

なぜ？がわかるPoint!　オペラ開演時のオーケストラの音楽に由来するイディオム。演者が聴衆のブーイングに遭っても、「自分の仕事にはちゃんと対面しないといけない（face the music）」から、「困った事態に立ち向かう、責任は甘んじて受ける」の意味となりました。

A I felt asleep during the meeting last night.
B I heard the boss is angry. I think it's better for you to meet him to face the music.

A 昨晩の会議中眠気を催したんだ。
B 上司が怒っているそうだね。彼に会って、その責任を取るべきだと思うよ。

ワンポイントアドバイス　a person responsible（責任者）とa responsible person（信頼できる人、支払い能力のある人）

使えるイディオム 2　CD2-76

The ball is in someone's court.

次は…の番。

直訳すると
球は人のコートに入っている

類義語
It is someone's turn.

なぜ？がわかるPoint!　どんな球技でも、ボールが自分のコートに入ってくると、今度は自分がそのボールを何とかする番であると言えます。この表現が一般化されて、球技に限らず「あなたの番だ」と言うときに使われるようになりました。

A We're giving you three choices as to how you invest your money. The ball is in your court.
B Alright, give me some time to think about it.

A あなたがお金をどのように投資するかについて3つの選択肢を与えたわよ。今度はあなたの番よ。
B 分かったよ。考える時間をくれる？

ワンポイントアドバイス　「〜する番だ」の一般的表現→ It's my turn to try now.（今度は僕が挑戦する番だ）

使えるイディオム 3 CD2 77

drum up
（支持などを）獲得する

直訳すると
何らかの…をどんどん鳴らす

類義語
try to get something

なぜ？がわかるPoint! drum は太鼓です。昔は太鼓を鳴らして人を集めていました。そこから、このイディオムが成立しました。現在では、指示やお金などを集める場合にも使われます。drum up の後には鳴らすための楽器ではなく、集めるものが来ます。

A To ensure this legislation passes, we will need to drum up some support.
B Okay, I will meet with some members of the House tomorrow.

A この法案を通過させるためには支持を得る必要があるでしょう。
B 分かりました。明日議会のメンバーに会いましょう。

ワンポイントアドバイス make a collection of ...（物を集めている）と have a collection of ...（色々な人がいる）

使えるイディオム 4 CD2 77

march to the beat of a different drummer —一風変わっている

直訳すると
違うドラマーの拍子に合わせて行進する

類義語
to do things in one's own way

なぜ？がわかるPoint! to the beat of ... は「…の拍子に合わせて」の意味。皆が合わせているドラマーと違うドラマーに合わせるということは、「信念が異なる (believe in a different set of principles)」、「独自の方法を取る」などを表します。さらに「一風変わっている」という意味が派生しました。

A Jim is good guy and all but his principles are almost counter to ours.
B He just marches to the beat of a different drummer.

A ジムは彼の信念が私たちとほぼ正反対であることを除けばいい奴だ。
B 彼は一風変わっているからね。

ワンポイントアドバイス 「彼女の振る舞いがとても変わっている」は She is very peculiar in her behavior. と言うとよい。

14 音楽・スポーツ

使えるイディオム 5 CD2 78

play second fiddle to
脇役に回る

直訳すると
…に第2バイオリンを弾く

類義語
play a supporting role

なぜ？がわかるPoint! fiddle は口語で「バイオリン」の意味です。これは、オーケストラの第2バイオリンが由来のイディオム。第2バイオリンはオーケストラでの脇役なので、これをもっと一般化して「人の脇役に回る」を意味するイディオムとなりました。

A Why did he refuse the position of vice president?
B He said he didn't want to play second fiddle to anyone.

A なぜ彼は副社長の地位を拒んだの？
B 彼は脇役に回りたくないと言っていたよ。

ワンポイントアドバイス イディオムではなく実際に「第2バイオリンを弾く」は、play the second violin。

使えるイディオム 6 CD2 78

fit as a fiddle
健康そのもので

直訳すると
バイオリンのごとく健康で

類義語
be in very good health

なぜ？がわかるPoint! バイオリンの快活さを元気の象徴としてこのイディオムが生まれました。fit、fiddle の頭のｆのように、他に頭韻を踏む表現としては proud as a peacock（孔雀のように誇らしげ＝大得意で）、dead as a doornail（鋲釘（びょう）のように死んで＝壊れて）などがあります。

A Wow, you're looking fit as a fiddle, Yumi!
B Thanks! I dance every night for my health.

A やあ、ゆみ、とても元気そうだね！
B ありがとう！健康のために毎晩ダンスをしているの。

ワンポイントアドバイス 同じく頭韻を踏む同じ意味のイディオムに fit as a flea（蚤（のみ）のごとく健康で）。

使えるイディオム 7 CD2 79

toot one's own horn

自慢話をする、自画自賛する

直訳すると
自分自身のホルンを吹く

類義語
praise oneself

14 音楽・スポーツ

なぜ？がわかるPoint! 「自分自身のホルンを吹く」という姿は、自信に満ち溢れた雰囲気を暗示します。次第に「自慢話をする」とか「自画自賛する」の意味が生まれてきました。

A I don't want to toot my own horn, but I have to say my report looks great.
B I agree, but modesty is a virtue you know.

A 自画自賛したくはないんだけど、私のレポート良くできていると言わずにいられないの。
B 同感だ。でも謙遜は美徳だよ。

ワンポイントアドバイス blow one's own horn も「自慢話をする」の意味です。

使えるイディオム 8 CD2 79

go to bat for

弁護する、援助する

直訳すると
人のためバットのところに行く

類義語
stand up for someone

なぜ？がわかるPoint! go to bat（バットのところへ行く）は「打席に入る」、for someone（人のため）は「人の代わりに」です。go to bad for someone は「代打の役割をする」という意味です。これが幅広く「人を弁護する、援助する」の意味に展開してきました。

A Thanks for going to bat for me while I was ill last week.
B No problem. I'm happy to fill in for you anytime.

A 私が先週病気の間、援助してくれてありがとう。
B いいんだよ。いつでも喜んで君の代わりをするよ。

ワンポイントアドバイス go to bat だけなら「打席での攻撃態勢」を暗示し、「非難する」「攻撃する」の意味も出ます。

使えるイディオム 9 　CD2-80

get to first base

第一歩をうまく進める、糸口が見つかる

直訳すると
一塁に到着する

類義語
start the beginning successfully

なぜ？がわかるPoint! get to first base とは野球用語で「一塁に達する」の意味です。これが一般化されて「第1歩をうまくやってのける」「第1段階を成功させる」という意味となりました。この表現は、否定文または困難を暗示する文脈において使われます。

A **I'm having a tough time getting to first base with this customer.**
B **Keep up the hard work and you'll make progress soon.**

A この顧客への足掛かりをつかむのに苦労しているよ。
B 頑張り続ければすぐに進展するよ。

ワンポイントアドバイス 問題解決の糸口を見つける (find a clue to the solution of a problem) という状況でも使えます。

使えるイディオム 10 　CD2-80

a good sport

頼りになる人（支えてくれる人）

直訳すると
善良なスポーツマンタイプの人

類義語
a very nice person one can rely on

なぜ？がわかるPoint! sport（スポーツ）は「スポーツマン的な人、さっぱりした人、性格のいい人」という肯定的なイメージが連想されました。それに good をつければ「頼りになる人」という意味、great をつければ「気さくでいい人」という感じの意味を含みます。

A **Thanks for being such a good sport and coming to the event on your holiday.**
B **I had a fun time so it was worth it.**

A 頼りになってくれたり、休日にイベントにきてくれてありがとう。
B 楽しい時間が過ごせたから、それだけの価値はあったよ。

ワンポイントアドバイス Be a sport. と言えば、「まあいいから付き合えよ」とか「話の分かる人になってくれよ」などの意味。

テーマ15　才能・力量

使えるイディオム 1　CD2 81

play it by ear

ぶっつけ本番で行う

直訳すると
耳で（聞いて）それを演奏する

類義語
do something without preparation

なぜ？がわかるPoint! 音楽業界から生まれたイディオムです。play it by ear とは「耳で聞いて（楽譜なしに）演奏する」の意味でした。それがもっと一般化して「ぶっつけ本番で行う」「臨機応変に対応する」の意味を派生しました。

A I'm not sure how this is going to work.
B Let's play it by ear.

A これがどう機能するか（うまくいくのか）分からないんだ。
B まあやってみようよ。

ワンポイントアドバイス　「彼女は臨機応変に対応した」は She played it by ear. と言えます。

使えるイディオム 2　CD2 81

all thumbs

不器用

直訳すると
全て親指

類義語
very poor at handling something

なぜ？がわかるPoint! 指が全て「親指」（thumb）であった場合を想像してみましょう。すると、物を持ちにくかったり、字を書きにくいでしょうね。そのイメージからできあがったイディオムです。

A You dropped another dish?
B Yeah, I'm all thumbs these days.

A またお皿を落としたの？
B ええ。最近、私、不器用なの。

ワンポイントアドバイス　「手先が不器用だ」（I'm all thumbs）を普通の表現で言うと、I'm clumsy with my hands.

使えるイディオム 3 　CD2-82

show one's true colors

本当の自分を見せる

直訳すると
自分の本当の色を見せる

類義語
show what one really is

なぜ？がわかるPoint! colors とは「旗」の意味です。偽の旗を掲げて航行している船が、自分の国の国旗、すなわち本物の旗（true colors）を掲げたことに由来するイディオムです。だから「本当の自分を見せる」「正体を現す」「本音をぶちまける」といった意味になります。

A My best friend suddenly refused my invitation and won't return my e-mails.
B He's finally showed his true colors.

A 親友が突然ぼくの招待を断って、メールに返信してくれないんだよ。
B 彼はとうとう本性を表したな。

ワンポイントアドバイス 正体は one's true character とも→ I cannot make his true character.（彼の正体が分からないよ）

使えるイディオム 4 　CD2-82

worth one's salt

有能である

直訳すると
自分の塩の価値がある

類義語
have a talent for something

なぜ？がわかるPoint! 昔、給料として塩が支給されたことに由来するイディオムです。「その給料としての価値がある」から、「給料分の働きはしている」→「有能である」という意味が発展しました。

A She is the best clean-up hitter we've had in a while.
B I agree with you. She's certainly worth her salt.

A 彼女は久々の最強のクリーンナップだな。
B 私もそう思うよ。彼女は確かに有能だ。

ワンポイントアドバイス salary も古代ローマ時代に兵士に与えられた「塩」を意味するラテン語 salarium に由来。

15 才能・力量

使えるイディオム 5 CD2-83

give someone a big head
褒めちぎる

直訳すると: 大きな頭を人に与える
類義語: flatter someone excessively

なぜ？がわかるPoint! a big head（大きな頭）からは「うぬぼれ」が連想されます。このイディオムは「人にうぬぼれの気持ちを与える」から「(人が) うぬぼれるほど賞賛する」の意味に転じました。ちなみに have a big head は「うぬぼれている」の意味です。

A You are the most fantastic, wonderful, and thoughtful doctor I've ever met.
B Stop stop! You're giving me a big head.

A あなたは私が今までに出会った中で、一番素晴らしくて、思いやりのある医師よ。
B やめて、やめてよ！ おだて過ぎだよ。

ワンポイントアドバイス 動詞と名詞の強調は too much、形容詞の強調は much too。much too praiseful（賞賛しすぎの）

使えるイディオム 6 CD2-83

have one's finger on the pulse
最近の情勢に通じている

直訳すると: 1本の指が脈を計っている
類義語: be well informed of the current issues

なぜ？がわかるPoint! have one's finger on the pulse は「指を当てて脈を図る」という意味ですが、指を脈に当てると色々分かることから、「実情を正確に知っている」「動向をきっちり把握している」の意味が展開しました。

A You seem to have your finger on the pulse regarding politics around here.
B Of course, I was a member of the assembly for ten years.

A あなたはこの界隈の政治を把握しているようね。
B もちろんさ。私は10年間議会のメンバーだったんだ。

ワンポイントアドバイス 「彼女は世界の音楽動向を弁えている」は She keeps her finger on the pulse of world music.

使えるイディオム 7 CD2-84

on the ball

機敏な、有能な

直訳すると
ボールに乗っている

類義語
knowledgeable and talented

なぜ？がわかるPoint! 球技をしている人が常に「ボールに目をつけている」（= on the ball）という状況から生まれたイディオムです。「目を見張って」「機敏な」や「新しい知識を身につけて」の意味、さらに、「（機敏で知識もあるから）有能な」という意味から派生しました。

A Hey, look at Yumi go!
B Yeah, she's really on the ball today!

A ほら、ゆみを見て！
B ああ。彼女、今日は本当に機敏で調子がいいね！

ワンポイントアドバイス 「機敏な人」は a person who is always on the ball、簡単には an alert person です。

使えるイディオム 8 CD2-84

no end to someone's talents

大変な才能がある

直訳すると
人の才能に対し終わりがない

類義語
unlimited talent

なぜ？がわかるPoint! これは分かりやすいイディオムですね。「人の才能に対して終わりがない」。直訳でも意味が分かります。「終わりがない」ということは、「才能には際限がない」「大変な才能がある」という意味を表しています。

A Even though I'm the cleaning lady, I can give you a massage if you want.
B There's no end to your talents.

A 私は清掃作業員だけど、もしよかったらマッサージをしてあげるわよ。
B 君の才能には際限がないね。

ワンポイントアドバイス no bounds も同じ意味で使えます。His ambition knows no bounds.（彼の野望には際限がない）

使えるイディオム 9 （CD2 85）

fit the bill

必要な資質を備えている

直訳すると
勘定書と合っている

類義語
be equipped with requirements

なぜ？がわかるPoint! bill とは「請求書」とか「勘定書」のことです。fit や fill は「合う」や「満たす」という意味です。全体で「請求額に合っている、満たしている」となります。ここから「（ある条件に）必要な資質を備えている」を表すイディオムとなりました。

A Now that the cleaning lady has been fired, have you chosen a replacement?
B I think Mary fits the bill.

A その清掃作業員が首になったのだから、代わりの人を選んでいるの？
B メアリーがぴったりだと思うんだ。

ワンポイントアドバイス 注目→ back a bill（手形に裏書きする）、shelve a bill（法案を棚上げする）

使えるイディオム 10 （CD2 85）

moonlight

副業をする

直訳すると
「月の光」をする

類義語
have a side business

なぜ？がわかるPoint! 昼の本職に加え、夜月が出るころにもう1つ仕事をすることを意味するイディオムです。副業はたいてい夜になり、その仕事をすることを「月の光」で象徴した表現です。ちなみに sunshine には「本業をする」の意味はありません。

A I'm going to have to start moonlighting to pay all these bills.
B Working another job is tough, be careful.

A ぼくはこれらの請求書の全ての支払いをするために副業を始めなければならないんだ。
B 他の仕事を掛け持ちするのは大変だから、気を付けてね。

ワンポイントアドバイス 「アルバイトをする」は work part-time。arbeit（アルバイト）はドイツ語で「仕事をする」の意味。

15 才能・力量

索引 INDEX

あ行			
	赤字で	in the red	48
	あざむく	sell someone down the river	150
	朝飯前	a piece of cake	119
	足を洗う	wash one's hands of	32
	頭がどうかしている	out of one's tree	117
	厚かましくも…する	have the cheek to	97
	危ない橋を渡る	skate on thin ice	37
	甘党である	have a sweet tooth	97
	飴と鞭	carrot and stick	64
	怪しい	smell a rat	70
	あらゆる危険を覚悟する	go through fire and water	153
	ありふれていること	a dime a dozen	85
	あれこれ総合して推論する	put two and two together	83
	安心できないで	not out of the woods	114
	言いなりにさせる	wrap someone around one's little finger	50
	家も財産も食いつぶす	eat someone out of house and home	131
	急ぐ	shake a leg	20
	痛い目にあう	burn one's fingers	42
	一難去ってまた一難	out of the frying pan into the fire	138
	一生付いて回る不名誉なこと（後悔の念）	albatross around one's neck	70
	一石二鳥である	kill two birds with one stone	84
	一風変わっている	march to the beat of a different drummer	161
	いつもと変わりない	same old, same old	13
	糸口が見つかる	get to first base	164
	祈る	keep one's fingers crossed	92
	いらいらさせる	drive someone up the wall	59
	嘘は言わない、嘘でないと誓う	cross one's heart	95
	打ち明ける	bare one's soul	135
	有頂天になって	in seventh heaven	82
	うっとうしい	in someone's hair	61
	裏切り者	turncoat	127
	裏切る	two-time	158
	噂されているほど悪くない	not so black as one is painted	89
	噂で	through the grapevine	40
	噂をすれば影	speak of the devil!	15
	運が良くてありがたいと思う	thank one's lucky stars	147
	園芸の才がある	have a green thumb	54
	おいしそう	make one's mouth water	16
	大いに受ける	bring the house down	56
	大金持ち	rolling in money	154
	大げさに考える	make a mountain out of a molehill	149
	おかしい、どうかしている	nutty as a fruitcake	120
	臆病者	yellowbelly	91
	怒らせる	get/put/set someone's back up	94
	怒らないで落ち着いている	keep one's shirt on	127

170

	幼い恋	puppy love	133
	怖気づく	get cold feet	93
	惜しみなく励ましてくれる人	a pillar of strength	130
	おだてる	butter up	49
	落ちぶれる	go to the dogs	102
	おとなしい	quiet as a mouse	52
	おべっか使い	a toadeater	49
	思いつきで	off the top of one's head	31
	思い悩む	eat one's heart out	96
	おろかな競争	rat race	105
	終わりに近づいて	on one's last legs	39
	お門違いである	bark up the wrong tree	113
か行	解雇する	give someone the air	58
	かいつまんで言えば	in a nutshell	30
	帰ってもらう	show the door	129
	嗅ぎつける	get wind of	153
	隠す、伏せる	sweep ... under the rug	69
	獲得する	drum up some	161
	数が少ない	few and far between	21
	金が有り余っている	have money to burn	155
	勘定を払う	foot the bill	157
	肝心なこと	the name of the game	32
	完全に	head over heels	101
	堪忍袋の緒が切れる	the last straw	62
	がんばっている	hang in there	14
	気が狂っている	out of one's mind	134
	着飾った	dressed up like a dog's dinner	120
	気が楽になった	That's a weight off my mind.	137
	厳しく叱る	jump down someone's throat	100
	厳しくとがめる	give someone a piece of one's mind	135
	君こそ偉いね	pretty good yourself	13
	急騰する	skyrocket	23
	急に怒る	flip one's wig	126
	強化する	beef up	118
	協力する	play ball with	24
	許可	the green light	35
	漁夫の利を得る	play both ends against the middle	74
	気楽な気分	a bed of roses	55
	嫌われ者	the black sheep of the family	103
	キレる、狂う、夢中になる	go bananas	63
	緊張をほぐす	break the ice	31
	食い物にする	milk	22
	口コミで	by word of mouth	41
	口だけ	full of hot air	43
	屈辱を味わう	eat crow	108
	ぐっすり眠る	sleep like a log	112
	首を突っ込んでいる	have a finger in the pie	22
	クリスマスおめでとう	Season's greetings	12
	計画がスタートする	get off the ground	28
	計画を台無しにする	pull the rug out from under someone	29
	形勢を逆転する	turn the tables	60

	経費を切り詰める	tighten one's belt	23
	刑務所へ送る	send someone up the river	150
	激怒する	hit the ceiling	128
	けちをつける、水を差す	throw cold water on	25
	犬猿の仲	lead a cat-and-dog life	51
	元気いっぱい	full of beans	121
	元気だ	doing great	12
	元気でぴんぴんしている	in the pink	88
	健康そのもので	fit as a fiddle	162
	現行犯で逮捕する	catch someone red-handed	87
	現実から目をそらす	bury one's head in the sand	99
	効果がない	cut no ice	37
	高貴の生まれである	born in the purple	91
	高所恐怖症である	have no head for heights	21
	声を大にして言う	shout from the rooftops	129
	心ここにあらず	out to lunch	79
	心に浮かぶ	cross one's mind	134
	心を入れ替える	turn over a new leaf	112
	好み	one's cup of tea	118
	この上なく幸せ	on cloud nine	145
	困って	in dire straits	27
	困って	at sea	151
	壊れやすいもの	a house of cards	30
	混雑した	packed like sardines	18
さ行	最近の情勢に通じている	have a finger on the pulse	167
	最大の分け前	the lion's share	104
	最低価格で	at bottom dollar	156
	先を越す	steal a person's thunder	146
	避けられないこと	the nature of the beast	137
	ささやかなもの	a little something	17
	差し迫って	in the wind	36
	さっさと消える	go jump in a lake	151
	さっぱりわからない	not make heads or tails of	26
	時間を浪費する	spit in the wind	76
	時間的には余裕がある	Time is on one's side.	159
	自業自得で苦しむ	stew in one's own juice	122
	自信過剰	big head	167
	しっかり聞く	be all ears	98
	実感させる	hit home	128
	実現困難な目標を持つ	chase rainbows	148
	実際にお金を賭ける	put one's money where one's mouth is	36
	嫉妬心に燃えて	green with envy	87
	自分のことを棚にあげる	pot calling the kettle black	51
	自分を大切にする	look out for number one	84
	自慢話をする、自画自賛する	toot one's own horn	163
	弱点	a chink in one's armor	143
	じゅうさん13個	baker's dozen	45
	習性	second nature	133
	出世する	come up in the world	68
	主導権を握る	wear the pants	124
	小食である	eat like a bird	108

	日本語	English	ページ
	知られたくない	a skeleton in the closet	132
	しわがれ声である	have a frog in one's throat	110
	信号無視する	jaywalk	19
	救い出す	save the day	58
	すごい美人	a real dish	139
	進んで難局に当たる	bell the cat	61
	捨てる	deep-six	86
	頭脳	gray matter	90
	全てを失う	lose one's shirt	63
	生活の糧	bread and butter	76
	成功を収める	bring home the bacon	64
	清廉潔白な	whiter than white	90
	責任者	top banana	53
	責任を取る	face the music	160
	世間話をする	shoot the breeze	57
	せっせと働く	keep one's nose to the grindstone	78
	絶対欲しい	set one's heart on	38
	狭い空間	a hole in the wall	130
	即座に	at the drop of a hat	123
	即席で話す	speak off the cuff	124
	そこだけ時間が止まっている	stuck in a time warp	19
	底をつく	bottom out	25
	率直に話す	talk turkey	48
	その意気だ	That's the spirit.	136
	その気になれば	if the spirit moves	136
	その日暮らしをする	live from hand to mouth	75
	空涙	crocodile tears	109
	そろそろ帰るよ	I'm taking off.	17
た行	大成功する	bat a thousand	67
	大成功を収める	with flying colors	65
	大変な才能がある	no end to someone's talents	168
	大変な状況になっている	be in a lot of hot water	60
	大望を抱く	reach for the stars	144
	確かな筋から	straight from the horse's mouth	40
	立ち向かう	bite the bullet	141
	狸寝入りする	play possum	106
	便りになる人	a good sport	164
	嘆願して	on one's knees	39
	断定する	put one's finger on	92
	直線距離で	as the crow flies	18
	ちょっと変である	have a screw loose	138
	次は…の番	The ball is in someone's court.	160
	つまらない	for the birds	78
	罪のない嘘	white lie	43
	冷たい態度で接する	give someone the cold shoulder	46
	徹底的に	root and branch	117
	手に負えなくて	out of hand	94
	で頭がいっぱいである	have … on the brain	101
	遠まわしに言う	beat around the bush	116
	とくと考える、知恵を絞る	put on one's thinking cap (s)	126
	特別のもてなし	the red carpet	44

	とことん、思う存分	up a storm	148
	土砂降り	rain cats and dogs	102
	どじを踏む、口を滑らせる	put one's foot in it	71
	土壇場	at the eleventh hour	86
	突然止める	quit cold turkey	107
	とどまるところを知らない	The sky is the limit.	66
	飛ぶように売れる	sell like hot cakes	38
	鳥肌が立つ	get goose bumps	109
	ドンチャン騒ぎをする	paint the town red	55
な行	内緒にしておく	keep something under one's hat	123
	長い時間	till the cows come home	34
	慰める	give someone a shoulder to cry on	95
	何かあったの？	What's eating you?	15
	名前と顔が一致する	put a face to the name	16
	並はずれている	take the cake	44
	難題	a hot potato	59
	何の価値もない	not worth a fig	122
	…に言わせれば	for one's money	155
	睨みつける	look daggers at	143
	人間が出来ている	have a heart of gold	50
	のど元まで来ている	on the tip of one's tongue	98
	のろのろ	at a snail's pace	20
は行	莫大な	an ocean of	152
	爆弾発言をする	drop a bombshell	42
	激しく怒る	foam at the mouth	100
	はした金	chicken feed	41
	馬食する	eat like a horse	103
	はっきり決まっていない	up in the air	35
	派手に遊ぶ	sow one's wild oats	115
	話してすっきりする	get ... off one's chest	57
	話し半分に聞く	take ... with a grain of salt	47
	早起き	an early bird	107
	早まる	jump the gun	142
	はらはらしている	have butterflies in one's stomach	111
	久しぶり	long time no see	14
	非常に忙しい	busy as a bee	77
	ひっくり返る	turn turtle	110
	必要な資質を備えている	fit the bill	169
	ひどく腹を立てて	hot under the collar	125
	秘密をばらす	let the cat out of the bag	72
	表裏一体	two sides of the same coin	157
	昼ドラ	soap opera	56
	ぴんと来る	ring a bell	28
	不快を表す	raise eyebrows	52
	不器用	all thumbs	165
	副業をする	moonlight	169
	ふざける、はしゃぎ回る	monkey around	106
	不正行為のために捕まる	be caught with one's hand in the cookie jar	71
	ふたり2人は仲間、3人は人ごみ	two's company, three's a crowd	85
	ぶっつけ本番で行う	play it by ear	165
	不当な扱いを受ける	get the short end of the stick	75

	不利な状態に	behind the eight ball	83
	踏んだり蹴ったり	add insult to injury	62
	へつらう	brown-nose	88
	弁護する	go to bat for	163
	法外な値段	pay an arm and a leg	93
	忙殺される	be snowed under	77
	ボーッとして	like a bump on a log	116
	ほっとする余裕	breathing room	54
	本当の自分を見せる	show one's true colors	166
ま行	負け惜しみ	sour grapes	121
	まさに適切で	on the money	154
	まさに目の前にある	right under one's nose	65
	また今度にする	take a rain check	33
	待つ	hold one's horses	105
	全く努力をしない	not lift a finger	66
	密告する	put the finger on	74
	守れない約束をする	promise the moon	144
	見込みがない	not have a snowball's chance in hell	147
	店（会社）のおごり	on the house	45
	虫も殺さぬような顔をしている	look as if butter wouldn't melt in one's mouth	99
	むずむずしている	have ants in one's pants	111
	無駄なことをする	beat a dead horse	104
	無駄に使われて	down the drain	131
	胸に手を当てて考えてごらん	if the shoe fits, wear it	125
	明文化して	in black and white	34
	めったにない	once in a blue moon	145
	目の中に入れても痛くない	the apple of one's eye	119
	もう若くない	over the hill	149
	元を取る	get one's money's worth	156
や行	安い食堂	a greasy spoon	139
	やすやすと儲ける	make a fast buck	73
	厄介な手順	red tape	33
	藪から棒に、急に	out of the blue	89
	やる気満々	full of drive	68
	有能である	worth one's salt	166
	有能な	on the ball	168
	有力者	a heavy hitter	67
	夢のまた夢、理想論	pie in the sky	29
	夢を見る心地になる	have stars in one's eyes	146
	容易にこなせる	like water off a duck's back	152
	予感がする	feel it in one's bones	96
	予想通り	par for the course	24
	予想を間違える	bet on the wrong horse	79
	酔って	in one's cups	140
	四つんばいになって	on all fours	82
ら行	楽なものではない	no bed of roses	113
	リーダー	big cheese	53
わ行	賄賂として	under the table	69
	和解する	bury the hatchet	142
	脇役に回る	play second fiddle to	162
	わくわくしながら見守って	on the edge of one's seat	132

● 著者紹介

石井隆之　Ishii Takayuki

1956年生まれ。近畿大学教授。専門は理論言語学。日本人の多くが苦手とする前置詞や冠詞の用法に習熟していることで知られる。近畿大学総合社会学部国際交流委員長、オフィスエングライト相談役、TAC言語文化研究所所長、清光総研言語学研究主任、クインズインターナショナル特別顧問、言語文化学会会長、通訳ガイド研究会会長を務める。

著書に『国際会議・スピーチ・研究発表の英語表現』、『意見・考えを論理的に述べる英語表現集』（以上、ベレ出版）、『英文ライティングの法則178』、『英文法急所総攻撃』（以上、明日香出版社）、『英語の品格』、『あなたの魅力を伝える面接の英語』（以上、三修社）など、その数100点を超えた。

カバーデザイン	滝デザイン事務所
本文デザイン＋DTP	南 貴之（デジカル・デザイン室）
イラスト	田中 斉
CD編集	（財）英語教育協議会（ELEC）
CD制作	高速録音株式会社

J新書⑮
魔法のイディオム

平成23年（2011年）4月10日　初版第1刷発行

著　者	石井隆之
発行人	福田富与
発行所	有限会社 Jリサーチ出版
	〒166-0002　東京都杉並区高円寺北2-29-14-705
	電話 03(6808)8801（代）　FAX 03(5364)5310
	編集部 03(6808)8806
	http://www.jresearch.co.jp
印刷所	（株）シナノパブリッシングプレス

ISBN978-4-86392-054-5　　　禁無断転載。なお、乱丁・落丁はお取り替えいたします。

© Takayuki Ishii 2011 All rights reserved.